VOLTAIRE

SA VIE, SES ŒUVRES

L'INFLUENCE DE SES IDÉES

DANS LA SOCIÉTE

PAR

GUSTAVE NORGA

PARIS

AUGUSTE GHIO, ÉDITEUR

Palais Royal, 1, 3, 5 & 7, Galerie d'Orléans

1878

VOLTAIRE

1044 — PARIS, IMPRIMERIE LALOUX Fils et GUILLOT

7, rue des Canettes, 7.

VOLTAIRE

SA VIE, SES ŒUVRES

L'INFLUENCE DE SES IDÉES

DANS LA SOCIÉTÉ

PAR

GUSTAVE NORGA

PARIS

AUGUSTE GHIO, ÉDITEUR

Palais Royal, 1, 3, 5 & 7, Galerie d'Orléans

1878

PRÉFACE

Le XVIIIe siècle, inférieur dans certains genres de littérature au XVIIe, l'a surpassé dans d'autres, et notamment dans l'histoire et l'étude des sciences philosophiques et politiques. Deux hommes ont puissamment contribué à ce progrès : Voltaire et Jean-Jacques Rousseau. Voilà un siècle qu'ils ne sont plus ; et c'est encore à ces deux écrivains que les partisans de l'autorité absolue et du privilége des castes reprochent le plus amèrement la chute du régime arbitraire. Tous deux ont été violemment attaqués pendant leur vie et après leur mort.

Voltaire, dont on va spécialement s'occuper dans cet opuscule, a été accusé d'ignorance et de charlatanisme. On a écrit des volumes contre ses ouvrages philosophiques.

Cela n'a pas empêché les peuples d'adopter ses opinions sur la nécessité de la tolérance religieuse, et même d'aller au delà de ses espérances en faisant de la liberté de conscience, la base fondamentale de leurs institutions. S'il est vrai que les meilleures idées finissent toujours par triompher, le succès de celles de Voltaire lui a donné raison contre ses contradicteurs.

La tolérance religieuse, qui a fait la préoccupation de sa vie entière, est sans contredit un principe de paix, d'u-nion, de concorde parmi les nations; tandis que le ré-gime contraire n'a abouti qu'à faire des martyrs. Voltaire fut l'ennemi de toute persécution. Sous ce rapport, n'est-il pas à désirer que tout le monde devienne Voltairien. Ce n'est pas à dire cependant qu'il faille adopter toutes les opinions du philosophe de Ferney sans examen. La liberté de la pensée ne doit être soumise à aucun autre asservissement qu'à celui de la raison.

On s'est moins attaché à présenter des aperçus nouveaux sur le mérite et les ouvrages de Voltaire, qu'à comparer, fondre et resserrer les opinions des meilleurs critiques, en essayant de renfermer beaucoup de choses dans peu d'espace. Cette méthode, où l'on a écarté toute idée de système, a paru la meilleure pour opposer des raisons irréfutables à l'esprit de dénigrement.

Notre étude était écrite depuis longtemps lorsque ont paru les lettres de monseigneur Dupanloup. Nous avons été très-étonné de voir un écrivain d'un mérite aussi incontestable ressusciter les procédés des Fréron, des Nonotte, etc.

Son interpellation au Sénat a eu un sort malheureux.

Nous n'avons pas cru devoir passer ces faits sous silence.

Quant à la fête du centenaire, elle n'a pas eu les proportions qu'on avait espéré lui voir prendre; mais si le meilleur moyen d'honorer un écrivain est de propager ses idées, le but est atteint par la publication de ses *Œuvres choisies*. Elles ne seront pas longtemps à porter leurs fruits.

A Monseigneur Dupanloup, Évêque d'Orléans

MONSEIGNEUR,

Lorsque j'appris la grande nouvelle de la publication de vos lettres au Conseil municipal de Paris, sur le Centenaire de Voltaire, je n'eus rien de plus pressé que de me procurer les numéros du journal *la Défense*, dans lequel elles ont paru. Je m'attendais à rencontrer un digne adversaire du philosophe de Ferney, un athlète qui ne reculerait pas devant le combat, un juge éclairé qui pèserait également le pour et le contre, qui tiendrait une balance impartiale entre le mal et le bien. Quel ne fut pas mon étonnement, Monseigneur, lorsque je vous vis procéder à coups d'épingles. Je vous avoue franchement que j'avais une meilleure opinion de votre talent. J'aurais cru que vous eussiez dédaigné cette ressource des pamphlétaires : ce n'est pas de cette façon que l'on peut se mesurer avec l'auteur de tant de chefs-d'œuvre.

Je me suis bien vite aperçu que vous ne le connaissiez que d'après les Fréron, les Nonotte, les Desfontaines et tant d'autres dont les écrits sont tombés dans l'oubli. Je ne vous en fais pas un crime; chacun choisit ses auteurs selon ses goûts. Mais rien ne vous obligeait non plus de vous lancer dans l'arène contre un adversaire que vous ne connaissiez pas. Croyez-moi, si vous eussiez porté la lutte sur un terrain digne de l'écrivain dont vous attaquez la réputation et du rang que vous occupez, il n'aurait certainement pas manqué d'armes pour vous combattre.

Je n'ai pas, Monseigneur, la prétention de vous convertir ni d'entraîner dans cette conversion les partisans de l'ultramontanisme, cette doctrine qui n'est pas celle que le Christ a enseignée au monde. Pérmettez-moi cependant de vous faire remarquer qu'il n'est pas toujours prudent de parler de corde dans la maison d'un pendu. Qu'aurait dit Bossuet, lui qui a tant loué Louis XIV, si, en pratiquant la méthode que vous avez suivie pour avilir le nom de Voltaire, on eût fait de ce monarque un brigand couronné? Et que diriez-vous si des laïques allaient fouiller dans les secrets du Vatican pour avilir certains personnages qui ont porté la tiare? Que diriez-vous s'ils allaient dévoiler les turpitudes de certains membres du clergé qui ont été comblés d'honneurs et de dignités?

Tout au moins, Monseigneur, si vous eussiez parlé des bonnes choses qu'a faites Voltaire, et conclu ensuite en comparant le bien et le mal, on aurait pu attacher quelque importance à votre œuvre ; mais en est-il ainsi ?

Le nom de Voltaire réveille en vous une ardeur que les ans n'ont pas affaiblie : Voltaire est votre épouvantail, comme il est celui des ultramontains, des moines et des nonnains. Cela explique le bruit qui se fait à l'occasion de la publication de vos lettres. Vous n'aurez pas grand' peine à faire croire aux bigots que le Centenaire de Voltaire est un scandale ; mais était-il nécessaire de vous donner tant de peine pour prêcher des convertis ?

Vous oubliez un peu trop, Monseigneur, que Voltaire appartient à la postérité, qu'on ne le juge plus aujourd'hui sur les calomnies de ses ennemis, ni sur des boutades qui lui sont échappées dans ses moments de mauvaise humeur, ni sur des plaisanteries qui ont perdu toute leur importance en arrivant jusqu'à nous, ni même sur cette *Pucelle*, qui est votre grand cheval de bataille. Pas plus que vous, nous ne faisons un mérite de cet ouvrage à Voltaire, et cependant nous ne sommes pas de ceux qui entourent le front de Jeanne d'Arc d'une auréole miraculeuse.

La postérité, plus juste envers les grands hommes que leurs contemporains, les juge d'après le bien qu'ils ont fait pendant leur vie et après leur mort. Voltaire n'a rien à redouter de ce jugement : il a laissé un grand nombre de chefs-d'œuvre qui feront éternellement l'honneur de la littérature française. Vous auriez agi sagement, Monseigneur, si vous les aviez relus avant d'entreprendre votre campagne contre son Centenaire. Il accomplit une œuvre profitable à l'humanité lorsqu'il fit pénétrer dans les esprits et dans les mœurs la nécessité de la tolérance religieuse. Cette œuvre, vous avez cherché à l'amoindrir dans votre neuvième lettre, intitulée : *Voltaire comédien de la tolérance et de la philanthropie ;* mais, comme je vous l'ai déjà dit, vous n'avez osé l'attaquer de front, ce qui prouve que vous avez le sentiment de votre impuissance.

Agréez, etc.

A Monseigneur Dupanloup, Évêque d'Orléans

MONSEIGNEUR,

Il ne vous a pas suffi d'écrire dix longues lettres à la municipalité de Paris ; vous les avez résumées dans une interpellation que vous avez faite en votre qualité de sénateur. Je suis loin de vous contester ce droit : c'est l'affaire de votre conscience. Cependant est-ce là de la justice distributive ? J'en doute fort.

Vous vous vantez d'avoir lu Voltaire. Je veux bien vous croire, puisque vous l'affirmez ; mais n'est-ce pas avec les lunettes d'un myope ? Vous avez cru sans doute que vous alliez embarrasser le gouvernement, ou que rien n'était changé dans les opinions du Sénat depuis le 16 mai, il y a eu un an. Voilà, Monseigneur, l'inconvénient d'avoir sur les yeux des verres qui grossissent ou changent les couleurs des objets.

M. Dufaure n'a pas eu de peine à démolir votre

échafaudage, dressé à grand renfort de citations; il vous a mis au pied du mur en vous rappelant les services que Voltaire a rendus à l'humanité. Qu'aviez-vous à répondre à ces paroles: « Mais si les idées de tolérance sont aujourd'hui plus fortes, si nos lois criminelles sont adoucies, si l'on a réagi dans nos codes contre les horreurs de l'ancien système judiciaire, c'est à Voltaire que nous le devons. » Rien, absolument rien, à moins de falsifier l'histoire et de ne tenir aucun compte des documents judiciaires de cette époque.

Je vous demanderais volontiers, Monseigneur, pourquoi vous avez découpé presque toutes vos citations dans la *Correspondance de Voltaire*, et choisi des passages qui n'ont plus d'autre mérite aujourd'hui que celui de rappeler le caractère de l'époque où il a vécu? Il y a dans cette volumineuse correspondance des lettres admirables, où toutes les convenances sont observées: vous n'en citez aucune. Pourquoi cet oubli? Le journal *la République française* n'a-t-il pas mis le doigt sur la plaie? C'est plus que probable. Écoutez ce qu'il disait dans un article remarquable: « Pardon, Messieurs; ses écrits, vous ne craignez qu'une chose, c'est qu'on les lise; quant à l'histoire, on sait comment vous l'écrivez. Vous avez vraiment le triomphe trop facile. La gloire de Voltaire et l'action de son incomparable esprit ont résisté à des réactions autrement redoutables que votre levée de ciseaux. » Quelques lignes plus loin il ajoute: « Depuis que nous commençons à revenir du pays des chimères, à mesure que nous reprenons goût à la simplicité, à la clarté, au sens commun, à l'esprit, à tout ce qui constitue le caractère et le génie de notre race, le crédit de Voltaire remonte ; ni le pèlerinage de Lourdes, ni le Sacré-Cœur de Montmartre ne sont faits pour diminuer le plaisir qu'on trouve à le relire, et si son œuvre avait vieilli par quelque endroit, vos mandements suffiraient pour le rajeunir. »

Soyez convaincu, Monseigneur, que votre levée de boucliers contre Voltaire n'a pas mis ses admirateurs en émoi. Bien des personnes qui ne le connaissaient pas, ou qui du moins n'en avaient entendu parler que par ses ennemis, seront tentées de le lire. Cette épreuve, j'ose vous le prédire, ne sera pas favorable à votre thèse. Elle convertira plus de lecteurs que vous n'aurez fait de prosélytes.

On raisonne aujourd'hui : les préjugés, la superstition, le fanatisme, l'intolérance, ont beaucoup perdu de leur empire sur les masses. Cet empire ne cessera de décroître avec les progrès de la civilisation. A vos yeux, monseigneur, c'est sans doute un mal ; mais qu'y faire ? Il faudra bien que l'on confesse un jour que ce mal n'a pas empêché les mœurs de s'adoucir et l'état social de s'améliorer.

Agréez, etc.

VOLTAIRE

I

Le 30 mai dernier, il y a eu cent ans que l'un des hommes qui tient un rang distingué parmi ceux que la France a produits de plus illustres disparut de la scène du monde en y laissant un souvenir impérissable. Né avec des dispositions merveilleuses pour l'étude, cet homme aborda avec succès les divers genres de littérature. Tour à tour poëte, auteur dramatique, romancier, historien, critique, philosophe, il a imprimé à ces diverses branches des connaissances humaines le caractère de son originalité. Bien qu'il n'ait pas atteint à la perfection, on doit néanmoins lui reconnaître un génie bien plus vaste que s'il eût excellé seulement dans un genre, même en le portant à la plus grande perfection, où il soit possible à l'homme d'atteindre.

François-Marie Arouet, connu sous le nom de Voltaire, naquit en 1694, vingt et un ans après la mort de Molière, dix ans après celle du grand Corneille, cinq ans avant celle de Racine. Pendant près d'un an, cet enfant qui devait plus tard jouer un si grand rôle dans le monde, fut entre la vie et la mort, on désespérait de l'élever; mais les soins tendres et dévoués qu'on lui prodigua triomphèrent de sa chétive santé. A l'âge de dix ans on le plaça chez les Jésuites, où le père Porée et le père Tournemine en prirent un soin tout particulier. Ils s'attachèrent à développer les heureuses dispositions de leur élève, pour qui l'étude devint une véritable passion.

Son père, qui exerçait la profession de notaire à Paris le destinait au barreau ; mais ni ses conseils ni ses menaces ne purent contraindre son fils à embrasser une profession qui contrariait ses goûts : sa vocation l'appelait à une autre destinée.

Peu d'hommes ont eu sur l'esprit de leur siècle un plus grand ascendant ; mais est-ce à dire que cela soit complétement l'œuvre de Voltaire ? Évidemment non. Les controverses religieuses qui agitaient la France depuis la Réforme, avaient amené des persécutions sanglantes, entre autres les dragonnades, la Saint-Barthélemy, les massacres des Cévennes, la révocation de l'édit de Nantes, etc. La fin du règne de Louis XIV était aussi malheureuse que ses commencements avaient été brillants. Les controverses jansénistes et la bulle *Unigenitus* n'avaient fait qu'augmenter les troubles qui régnaient dans les esprits. Chacun sentait comme par instinct, que cette situation était anomale. Aussi quand Voltaire, dans ses écrits, prit la défense de la tolérance religieuse, ses paroles eurent-elles un immense retentissement dans toutes les classes de la nation. Les jeunes gens se faisaient un honneur de les répéter et de penser comme lui. La cour, la noblesse, la bourgeoisie se firent ses complices.

Il n'est pas sans intérêt de rappeler quelques circonstances de la vie de Voltaire, et surtout des faits qui n'ont pas été sans influence sur ses opinions.

Sur la fin du règne de Louis XIV, et après sa mort, la France fut inondée d'une foule d'écrits clandestins, de pamphlets satiriques en prose et en vers, contre le gouvernement de ce monarque absolu.

Voltaire, qui n'était encore connu que par des vers de société, fut soupçonné d'être l'auteur d'une mauvaise satire qui finissait par ce vers :

> J'ai vu ces maux et je n'ai pas vingt ans.

Sur ce simple soupçon, et sans la moindre forme de procès, il fut arrêté et conduit à la Bastille, où il resta sous les verroux pendant treize mois. Quelques années après, à la suite de difficultés qu'il eut avec le chevalier de Rohan, il fut de nouveau renfermé dans cette prison, d'où il ne sortit, au bout de six mois, qu'avec l'ordre de s'expatrier. Ces arrestations arbitraires, faites au mépris des droits de la défense, qui appartiennent légitimement à tout accusé, ont dû laisser des traces profondes dans l'esprit du jeune Arouet, devenu plus tard l'ennemi de toute persécution et le défenseur dévoué des victimes de l'arbitraire et du fanatisme.

Lorsque Voltaire défendit avec tant d'habileté, de zèle, de courage, la mémoire de l'infortuné Calas, roué vif et brûlé par arrêt du Parlement de Toulouse, ne dut-il pas souvent faire un retour sur lui-même et trouver dans ses souvenirs d'énergiques expressions pour flétrir ces barbares coutumes qui privaient l'accusé de ses moyens de défense et le mettaient à la merci des préjugés et de l'ignorance.

Il fallait du courage pour attaquer de front ces errements du siècle, et certes, Voltaire n'en manquait pas. Il en donna une nouvelle preuve dans la défense du chevalier de la Barre, brûlé à Abbeville, par arrêt du Parlement de Paris.

Que n'a-t-il pas fait en faveur de Sirven, autre victime d'une erreur judiciaire. Sirven se déroba par la fuite au supplice auquel il était condamné. Voltaire demeurait alors à Ferney ; son château était l'asile des malheureux. Sirven trouva dans le poëte un protecteur et un père. Voltaire examina attentivement les éléments du procès : convaincu de l'innocence de Sirven, il entreprit de le faire reviser. Il lui fallut près de dix années de persévérance et d'efforts pour y parvenir. Le premier jugement fut cassé et l'innocence reconnue.

Voltaire défendit avec la même énergie la mémoire du laboureur Martin, roué vif ; celle du fleuriste Montbailli, brûlé vif par arrêt du Parlement d'Arras. La femme de cette malheureuse victime devait suivre le sort de son mari. Voltaire prit sa défense et fit réformer le jugement d'Arras. Le mémoire qu'il a publié à cette occasion est l'un des meilleurs des annales judiciaires de l'époque. Il n'a pas été étranger non plus à la réhabilitation de la mémoire du comte de Lally-Tollendal.

Les magistrats jetaient les hauts cris contre Voltaire. De quoi se mêle-t-il ? qui lui a donné mission de dénoncer nos arrêts à l'opinion publique ? On leur répondrait aujourd'hui : Du droit qu'a tout citoyen de défendre l'honneur des victimes des iniquités judiciaires. Voltaire, en attaquant ces abus, a bien mérité de l'humanité ; car tous, nous avons intérêt à ce que la justice soit administrée avec sagesse, prudence et impartialité. La mort d'un innocent frappé par le glaive de la justice est un mal mille fois plus à craindre que l'impunité d'un criminel.

Ce peu de mots suffisent pour réduire à néant toutes les calomnies dont on a abreuvé le caractère de Voltaire. On n'a pas été moins injuste envers ses talents. S'il a trouvé des admirateurs, il a aussi rencontré des détracteurs passionnés. Les prêtres surtout lui ont voué une haine qui, loin d'être éteinte, semble se raviver de nos jours.

Depuis Voltaire, les idées ont fait du chemin. On ne considère plus aujourd'hui la liberté de la conscience et des opinions comme une chose à tolérer, mais comme un droit inhérent à la nature de l'homme. En effet, la pensée, qui est, s'il est permis de s'exprimer, ainsi, la partie la plus intime de notre être, échappe à toute contrainte. Qu'au milieu des tourments de toute espèce, on force un malheureux à confesser de bouche ce qu'il ne croit pas dans le for intérieur, qu'obtient-on ? La résistance chez l'homme fort ; un mensonge arraché à la contrainte et non une rétractation ni une confession sincère chez l'homme faible. Le mot que l'évêque d'Hippone adressait aux persécuteurs des premiers chrétiens est vrai dans tous les temps, vrai dans toutes les religions, vrai dans toutes les sectes. Il leur disait : Si vous êtes maîtres de mon corps, vous ne l'êtes pas de mon âme. Mot profond, qui doit avoir pour conséquence logique la liberté, puisque la force et la contrainte sont impuissantes pour agir sur la pensée.

« Il est affreux, dit Voltaire, dans son *Siècle de Louis XIV*, que l'Église chrétienne ait toujours été déchirée par ses querelles, et que le sang ait coulé pendant tant de siècles par des mains qui portaient le Dieu de la paix... L'esprit dogmatique apporta chez les humains la fureur des guerres de religion... Depuis les disputes du prêtre Arius contre un évêque, la fureur de dominer sur les âmes a troublé la terre. Donner son sentiment pour la volonté de Dieu, commander de croire sous peine de la mort du corps et des tourments éternels de l'âme, a été le dernier période du despotisme de l'esprit dans quelques hommes, et résister à ces menaces a été dans d'autres le dernier effort de la liberté naturelle... Toute autorité blesse en secret les hommes, d'autant plus que toute autorité veut toujours s'accroître. Lorsqu'on trouve pour lui résister un prétexte qu'on croit sacré, on se fait bientôt un devoir de la révolte : ainsi les uns deviennent persécuteurs, les autres rebelles, en attestant Dieu dés deux côtés. »

Si l'on fait attention à ce qui se passe actuellement dans l'Église romaine, surtout depuis la proclamation du dogme de l'infaillibilité du pape, on est forcé de convenir que les dernières paroles que nous venons de citer, ont un caractère d'actualité incontestable. Une société puissante, sous le couvert du Vatican, travaille avec une persévérance infatigable à relever la suprématie de la papauté sur les puissances temporelles. Dieu sait dans quels désordres le succès de cette entreprise pourrait replonger l'Europe.

II

Après avoir rappelé quelques traits caractéristiques de la vie de Voltaire, jetons un coup d'œil rapide sur les talents de l'écrivain. Il a excellé dans différents genres, en vers et en prose. Il s'est placé au rang des maîtres dans l'épopée, la tragédie, les discours en vers, la poésie légère. Dans la prose, il a imprimé à l'histoire un caractère philosophique dont on trouve peu d'exemples parmi les historiens français qui l'ont précédé.

LA HENRIADE

La *Henriade*, malgré ses défauts, fait honneur à la langue française. Elle soutient sans trop de désavantage la comparaison entre les poëmes d'Homère, de Virgile, du Tasse et de Milton. La *Henriade* pèche sous le rapport de la charpente ; on lui a reproché de violer l'unité d'action ; mais ce reproche n'est guère sensible, parce que, si c'est là un défaut, le poëte a eu l'art de le pallier en ne donnant à Valois qu'un rôle presque effacé jusqu'à sa mort, qui arrive au Ve chant. L'unité d'action est sans doute une règle essentielle du poëme épique ; on ne peut que très-rarement la violer impunément ; mais il y a cela de particulier dans la *Henriade* que Henri IV, en défendant

Valois, dont il est l'héritier présomptif, combat en quelque sorte pour lui-même.

Le merveilleux, si admirable dans l'*Iliade* et la *Jérusalem délivrée*, tient peu de place dans la *Henriade*. Mais est-ce à dire qu'il soit étranger au sujet? Pas le moins du monde. Sans aucun doute, le merveilleux offre de plus grandes ressources au poëte dans une époque de foi et de superstition que dans une époque où le scepticisme gagne toutes les classes de la société. Mais n'y a-t-il pas un art à faire admettre les fictions en les rapprochant de la vérité historique. Le poëme qui nous occupe nous offre un exemple frappant du fondement de cette opinion. Le Fanatisme sortant de l'enfer pour mettre un poignard dans la main de Jacques Clément est évidemment une belle fiction, très-susceptible d'entrer dans un poëme épique à une époque même où les esprits sont dominés par le scepticisme. C'est en effet une vérité historique que tout le monde saisit et comprend sous les ornements que lui prête l'imagination du poëte.

Si Voltaire, dans la *Henriade*, n'a pas tiré un plus grand parti du merveilleux, est-ce, selon l'opinion de Chateaubriand, parce que son incrédulité l'a empêché d'atteindre à la hauteur où l'appelait la nature? Il est permis de penser que l'auteur du *Génie du Christianisme* n'a émis cette opinion sur les ouvrages de Voltaire que par esprit de parti. Il n'ignorait pas que la *Henriade* est un ouvrage de la jeunesse de l'auteur, qu'il l'avait entreprise dans un âge où, comme il l'a dit lui-même, il ignorait ce que c'était qu'un poëme épique. Aussi qu'y a-t-il d'étonnant si l'ouvrage a conservé le cachet de cette inexpérience?

Comment se fait-il que la *Henriade*, avec tant de défauts,

puisse être mise à côté des chefs-d'œuvre de l'esprit humain? C'est par le caractère philosophique qui règne d'un bout à l'autre de cet ouvrage et qui en fait l'un des principaux mérites. C'est la pureté du goût, l'élégance, la vivacité, la correction du langage et, pour tout dire en un mot, la poésie du style.

Voilà cent années écoulées depuis la mort de Voltaire, et cet ouvrage est encore ce que la langue française a produit de meilleur dans l'épopée.

« Voltaire, dit Villemain, dans ses *Leçons de littérature*, en avait fait le premier instrument de sa mission philosophique ; il y avait employé la poésie surtout à plaire à l'opinion, il y avait gravé en beaux vers des principes de liberté politique et religieuse. Ce qui faisait la nouveauté hardie de l'ouvrage en fait encore la beauté sérieuse et dernière.

« Le monde a beaucoup changé depuis le temps où Voltaire, jeune encore, annonçait, dans un poëme épique, son apostolat de réforme universelle. Une révolution terrible a dépassé de bien loin les premières espérances du poëte, et même tous les vœux de son amère et cynique vieillesse. Elle a brisé, près du catholicisme un moment détruit, la statue de Henri IV, et traité la mémoire du héros protestant comme celle des rois persécuteurs. Une réaction des événements et des esprits a de nouveau tout changé : ce qui était tombé est debout ; la religion a repris son empire ; la royauté est rétablie, et parmi les souvenirs et les noms qu'elle accuse de ses malheurs, aucun ne lui est plus suspect que celui de Voltaire. Et cependant, quand cette royauté antique, pour inaugurer son retour, vient de relever sur nos places publiques la statue guerrière de Henri IV, le témoignage qu'on a joint au monument, le mémorial qu'on a renfermé dans le marbre nouveau, c'est un exemplaire de la *Henriade*. C'est le génie de Voltaire qui paraît encore aujourd'hui le plus durable gardien de la gloire de Henri. »

N'est-ce pas là une preuve que les hommes sont entraînés, comme par instinct, à rendre hommage au mérite ? Depuis l'époque où Villemain écrivait les lignes que nous venons de citer, la France n'a pas toujours joui des libertés que Voltaire entrevoyait pour sa patrie. Sans doute ses citoyens ne se sont plus égorgés avec un fer sacré comme au temps de la Ligue ; mais les hommes de cœur, de dévouement, qui considèrent les idées modernes comme un bien précieux, qui veulent la liberté en tout et pour tous : ces hommes ont eu des luttes à soutenir en faveur de leurs idées et de leurs principes. Que d'épreuves terribles n'ont-ils pas eues à supporter ! Combien ne leur a-t-il pas fallu de vigueur, de fermeté, de zèle, de courage, pour résister au despotisme civil et au despotisme de la pensée ! Ceux-là qui ont été honnis, conspués, persécutés à cause de leurs opinions, ne méconnaissent pas les services que Voltaire a rendus à l'humanité.

LA PUCELLE D'ORLÉANS

Voltaire a écrit d'autres poëmes ; mais ils sont à une distance énorme de l'esprit et du caractère philosophique de la *Henriade*. La *Pucelle d'Orléans* est petillante d'esprit et de verve ; mais elle n'offre qu'une suite d'images obscènes. Il est triste, il est affligeant que Voltaire ait déshonoré sa vieillesse en vouant au mépris une héroïne dont il a lui-même fait l'éloge. Est-ce l'espèce d'auréole miraculeuse dont on s'est plu à entourer la mission de Jeanne d'Arc que Voltaire a voulu attaquer! Mais ce n'était pas une raison pour la traîner dans la boue. Y a-t-il quelque chose de surnaturel dans cette mission? Il est permis d'en douter sans porter atteinte à la mémoire de l'héroïne ; tout peut s'expliquer naturellement et sans miracle. Quoi qu'il en soit, cette jeune fille avait rendu de grands services à sa patrie ; elle avait péri malheureusement sur un bûcher allumé par des juges vendus aux Anglais : c'était plus qu'il n'en fallait pour honorer sa mémoire. Il est étrange que Voltaire, qui aimait sa patrie, qui avait été l'un des plus ardents défenseurs des victimes des préjugés, dont le cœur se soulevait d'indignation à l'aspect de l'injustice, n'ait pas compris, qu'en déshonorant la mémoire de cette héroïne, il attachait une flétrissure ineffaçable à la sienne.

En passant du poëme épique à la tragédie on retrouve le poëte tenant d'une main ferme le poignard de Melpomène. Depuis la mort de Racine, personne en France n'avait approché, même de très-loin, de l'art du célèbre écrivain.

ŒDIPE

Œdipe, malgré ses défauts, renferme des beautés qui lui ont laissé une place parmi les meilleures tragédies du poëte. Il est vrai qu'il avait un excellent modèle dans l'*Œdipe* de Sophocle. L'opinion que le poëte français, dans ce début, n'était pas resté inférieur au poëte grec, qu'il l'avait même surpassé en certains endroits, opinion à laquelle la Harpe n'a pas été étranger, prévalut un instant; mais elle ne tarda pas à être abandonnée. Les nombreux défauts de la pièce française, que l'auteur a relevés le premier, avec la perspicacité d'un critique sévère, n'ont pas peu contribué à ce changement. Il y a dans l'*Œdipe* de Voltaire des hors-d'œuvre, qu'avec un peu plus d'expérience de l'art, le poëte aurait certainement évités; mais on y rencontre des beautés du premier ordre, une poésie élégante, harmonieuse, des vers que l'on aime à relire et qui se gravent sans effort dans la mémoire. Le récit du désastre de Thèbes, au premier acte, est un morceau d'une force et d'une élégance soutenues. En voici un passage :

Nos sages, nos vieillards, séduits par l'espérance,
Osèrent, sur la foi d'une vaine science,
Du monstre impénétrable affronter le courroux.
Nul d'eux ne l'entendit, ils expirèrent tous.
Mais Œdipe, héritier du sceptre de Corinthe,
Jeune et dans l'âge heureux qui méconnaît la crainte,
Guidé par la fortune en ces lieux pleins d'effroi,
Vint, vit ce monstre affreux, l'entendit et fut roi.

BRUTUS

Voltaire fut moins heureux dans les pièces qui suivirent *Œdipe* : *Artémire*, *Marianne*, *Eryphile* n'avaient eu aucun succès au théâtre. *Brutus* n'avait pas eu une vogue proportionnée au mérite de l'ouvrage. L'amour de la patrie, la haine du despotisme, l'enthousiasme de la liberté qui en font les principales beautés, n'avaient été appréciés que d'un petit nombre de spectateurs. La foule était indifférente.

Voltaire a avoué quelque part qu'il aurait pu tirer un meilleur parti de ce sujet ; mais cela n'empêche pas que les principaux personnages ne soient dessinés avec une mâle vigueur. Écoutons la réponse de Brutus à l'ambassadeur de Porsenna :

N'alléguez point ces nœuds que le crime a rompus,
Ces dieux qu'il outragea, ces droits qu'il a perdus.
Nous avons fait, Arons, en lui rendant hommage,
Serment d'obéissance et non point d'esclavage ;

Et puisqu'il vous souvient d'avoir vu dans ces lieux
Le Sénat à ses pieds faisant pour lui des vœux,
Songez qu'en ce lieu même, à cet autel auguste,
Devant ces mêmes dieux, il jura d'être juste.
De son peuple et de lui, tel était le lien :
Il nous rend nos serments lorsqu'il trahit le sien ;
Et dès qu'aux lois de Rome, il ose être infidèle,
Rome n'est plus sujette et lui seul est rebelle.

ZAÏRE

Les gens de lettres qui se rassemblaient habituellement chez madame de Tencin lui conseillaient d'abandonner le théâtre. Il manquait, lui disaient-ils, malgré ses grands talents pour la poésie, d'aptitude pour réussir dans la tragédie. Voltaire ne tint aucun compte de ce conseil et il fit bien. *Zaïre* a prouvé qu'il ne faut pas trop se hâter de juger les talents d'un écrivain sur ses premiers ouvrages, surtout quand ses essais sont des œuvres aussi remarquables qu'*Œdipe* et que la *Henriade*.

Racine a tiré un grand parti de l'amour, la passion, sans contredit, la plus théâtrale de toutes ; mais il n'a rien produit de plus touchant que *Zaïre*, et même, s'il fallait, sous ce rapport seulement, donner la palme à l'un de ces deux écrivains, je n'hésiterais pas à l'accorder à Voltaire.

Zaïre a été l'objet d'une foule de critiques. Les uns ont dit que le sujet était romanesque, les autres que le caractère d'Orosmane était invraisemblable et contraire aux mœurs du pays ; que c'était un Turc habillé à la française. D'autres ont blâmé la reconnaissance de Lusignan et de ses enfants au second acte, comme un ressort peu digne de la tragédie. J'avoue que la simple lecture de

cette scène a remué mon cœur trop profondément,
pour que je partage l'opinion de ces critiques. En voici
la fin :

         Hélas !... vous ?... ma fille !
Dissipez mes soupçons, ôtez-moi cette horreur,
Ce trouble qui m'accable au comble du bonheur.
Toi qui seul a conduit sa fortune et la mienne,
Mon Dieu qui me la rend, me la rends-tu chrétienne ?
Tu pleures, malheureuse, et tu baisses les yeux !
Tu te tais !... je t'entends !... ô crime, ô justes cieux !

ZAÏRE

Je ne puis vous tromper : sous les lois d'Orosmane...
Punissez votre fille... elle était musulmane.

LUSIGNAN

Que la foudre en éclats ne tombe que sur moi !
Ah mon fils ! à ces mots, j'eusse expiré sans toi.
Mon Dieu, j'ai combattu soixante ans pour ta gloire,
J'ai vu tomber ton temple et périr ta mémoire ;
Dans un cachot affreux, abandonné vingt ans,
Mes larmes t'imploraient pour mes tristes enfants ;
Et lorsque ma famille est par toi réunie,
Quand je trouve une fille, elle est ton ennemie !
Je suis bien malheureux !... C'est ton père, c'est moi,
C'est ma seule prison qui t'a ravi ta foi.
Ma fille, tendre objet de mes dernières peines,
Songe au moins, songe au sang qui coule dans tes veines ;
C'est le sang de vingt rois, tous chrétiens comme moi ;
C'est le sang des héros, défenseurs de ma loi ;
C'est le sang des martyrs... ô fille encor trop chère !
Connais-tu ton destin ? sais-tu quelle est ta mère ?
Sais-tu bien qu'à l'instant où son flanc mit au jour
Ce triste et dernier fruit d'un malheureux amour,
Je la vis massacrer par la main forcenée,
Par la main des brigands à qui tu t'es donnée ?
Tes frères, ces martyrs égorgés à mes yeux,

T'ouvrent leurs bras sanglants, tendus du haut des cieux.
Ton Dieu que tu trahis, ton Dieu que tu blasphèmes,
Pour toi, pour l'univers, est mort en ces lieux mêmes,
En ces lieux où mon bras le servit tant de fois,
En ces lieux où son sang te parle par ma voix.
Vois ces murs, vois ce temple envahi par tes maîtres :
Tout annonce le Dieu qu'ont vengé tes ancêtres.
Tourne les yeux, sa tombe est près de ce palais ;
C'est ici la montagne où, lavant nos forfaits,
Il voulut expirer sous les coups de l'impie ;
C'est là que de sa tombe il rappela sa vie.
Tu ne saurais marcher dans cet auguste lieu,
Tu n'y peux faire un pas sans y trouver ton Dieu ;
Et tu n'y peux rester sans renier ton père,
Ton honneur qui te parle et ton Dieu qui t'éclaire.
Je te vois dans mes bras et pleurer, et frémir ;
Sur ton front pâlissant, Dieu met le repentir.
Je vois la vérité dans ton cœur descendue ;
Je retrouve ma fille après l'avoir perdue,
Et je reprends ma gloire et ma félicité
En dérobant mon sang à l'infidélité.

Combien la conversion de Zaïre serait plus touchante sans cette dissertation philosophique du premier acte sur l'influence et les conséquences de la naissance, des habitudes et de l'éducation dans les croyances religieuses. Ce raisonnement, qui peut être très-bien placé dans la bouche du poëte, est froid dans celle de Zaïre. C'est le seul endroit de cet ouvrage où l'auteur a pris la place du personnage ; mais ce défaut est largement compensé quelques vers plus bas par l'éloge que la jeune captive fait de son amant et par l'aveu de son amour. Malgré les critiques dont elle a été l'objet, malgré ses défauts, *Zaïre*, aujourd'hui, compte parmi les chefs-d'œuvre du genre tragique.

ADÉLAÏDE DUGUESCLIN

Dans *Adélaïde Duguesclin*, Voltaire a peint l'égarement de Vendôme avec des traits qui montrent jusqu'où peuvent aller les passions. Entraîné par la jalousie et la vengeance, il demande à Coucy la mort de son frère; Coucy feint d'accepter, Vendôme s'écrie :

> Je revois mon ami... Vengeons-nous, vole... Attend...
> Non, va, te dis-je, frappe, et je mourrai content.
> Qu'à l'instant de sa mort, à mon impatience,
> Le canon des remparts annonce ma vengeance.
> J'irai, je l'apprendrai sans trouble et sans effroi
> A l'objet odieux qui l'immole par moi.

Plus bas, il ajoute :

> Pourvu qu'Adélaïde, au désespoir réduite,
> Pleure en larmes de sang l'amant qui l'a séduite ;
> Pourvu que de l'horreur de ses gémissements
> Mon courroux se repaisse à mes derniers moments,
> Tout le reste est égal, et je te l'abandonne :
> Prépare le combat, agis, dispose, ordonne.
> Ce n'est plus la victoire où ma fureur prétend ;
> Je ne cherche pas même un trépas éclatant.
> Aux cœurs désespérés, qu'importe un peu de gloire f
> Périsse, ainsi que moi, ma funeste mémoire !
> Périsse avec mon nom le souvenir fatal
> D'une indigne maîtresse, et d'un lâche rival

C'est à de tels traits qu'on, reconnaît la main d'un maître qui a su sonder les profondeurs du cœur humain, pénétrer les secrets et les mouvements des passions, et faire plaindre Vendôme au moment où il ordonne un crime. S'il eût été de sang-froid, une telle situation n'était pas supportable, Vendôme n'était plus qu'un monstre méprisable auquel les spectateurs n'auraient pris aucun intérêt. On le plaint parce que l'on sent qu'au moment où il croira sa vengeance satisfaite, il sera en proie aux remords les plus violents, il accablera Coucy de reproches. C'est en effet le langage que le poëte met dans la bouche de Vendôme :

Ministre de mon crime, as-tu-pu m'obéir?

COUCY

Je vous avais promis, seigneur, de vous servir.

VENDÔME

Malheureux que je suis ! Ta sévère rudesse
A cent fois de mes sens combattu la faiblesse ;
Ne devais-tu te rendre à mes tristes souhaits
Que quand ma passion t'ordonnait des forfaits ?
Tu ne m'as obéi que pour perdre mon frère !

COUCY

Lorsque j'ai refusé ce sanglant ministère,
Votre aveugle courroux n'allait-il pas soudain
Du soin de vous venger charger une autre main ?

VENDÔME

L'amour, le seul amour, de mes sens toujours maître,
En m'ôtant ma raison, m'eût excusé peut-être ;
Mais toi dont la sagesse et les réflexions
Ont calmé dans ton sein toutes les passions,
Toi dont j'avais tant craint l'esprit ferme et rigide,
Avec tranquillité permettre un fratricide !

ALZIRE

Voltaire s'était fait l'apôtre de la tolérance dans la *Henriade*. Il poursuivit heureusement cette œuvre de réformation au théâtre, cette œuvre qui fut la plus grande préoccupation de sa vie et en même temps l'une des plus belles conquêtes de la civilisation.

Alzire et *Mahomet* respirent cette philosophie pleine d'humanité qui tend à adoucir les mœurs et à effacer les haines religieuses, malheureusement encore si vivaces chez beaucoup de nations.

La première de ces deux tragédies a été l'objet d'une foule de critiques, dont quelques-unes même paraissent assez fondées. Toutes ces fautes sont rachetées par de grandes beautés, des situations touchantes, pleines d'inté-rêt. C'est ce que l'auteur de *Ver-Vert* et du *Méchant* a fort bien résumé dans ce quatrain :

> Aux règles, m'a-t-on dit, la pièce est peu fidèle;
> Si mon esprit contre elle a des objections,
>   Mon cœur a des larmes pour elle :
> Le cœur décide mieux que les réflexions.

Parmi les scènes les plus touchantes de cette tragédie, on peut citer celle où Alzire apprend à Zamore qu'elle est l'épouse de Gusman. En voici un passage :

ALZIRE

> Eh bien ! vois donc l'abîme où le sort nous engage;
> Vois-le comble du crime, ainsi que de l'outrage.

ZAMORE

Alzire !

ALZIRE

Ce Gusman...

ZAMORE

Grand Dieu!

ALZIRE

Ton assassin
Vient en ce même instant de recevoir ma main.

ZAMORE

Lui ?

ALZIRE

Mon père, Alvarez, ont trompé ma jeunesse
Ils ont à cet hymen entraîné ma faiblesse.
Ta criminelle amante, aux autels des chrétiens,
Vient presque sous tes yeux de former ces liens.
J'ai tout quitté, mes dieux, mon amant, ma patrie :
Au nom de tous les trois, arrache-moi la vie.
Voilà mon cœur, il vole au-devant de tes coups.

ZAMORE

Alzire, est-il bien vrai ? Gusman est ton époux ?

ALZIRE

Je pourrais t'alléguer, pour affaiblir mon crime,
De mon père sur moi le pouvoir légitime ;
L'erreur où nous étions, mes regrets, mes combats,
Les pleurs que j'ai, trois ans, donnés à ton trépas ;

> Que, des chrétiens vainqueurs, esclave infortunée,
> La douleur de ta perte à leur Dieu m'a donnée ;
> Que je t'aimai toujours, que mon cœur éperdu
> A détesté tes dieux, qui t'ont mal défendu.
> Mais je ne cherche point, je ne veux point d'excuse,
> Il n'en est point pour moi lorsque l'amour m'accuse.
> Tu vis, il me suffit. Je t'ai manqué de foi ;
> Tranche mes jours affreux, qui ne sont plus pour toi...
> Quoi ! tu ne me vois point d'un œil impitoyable ?

ZAMORE

> Non, si je suis aimé, non, tu n'es point coupable.

Le dénoûment est l'un des plus pathétiques qu'ait produit l'art théâtral. On amène Gusman, blessé et prêt à expirer, sur le théâtre. Dans ce moment suprême, Zamore, qui a conservé toute la fierté d'un sauvage blessé dans ses affections et dans son orgueil, lui parle ainsi :

> Tu veux donc jusqu'au bout consommer ta fureur ?
> Viens, vois couler mon sang, puisque tu vis encore
> Viens apprendre à mourir en regardant Zamore.

Gusman, qui, en d'autres circonstances eût été humilié par cette apostrophe lui répond :

> Il est d'autres vertus que je veux t'enseigner,
> Je dois un autre exemple, et je viens le donner.
> (à Alvarez)
> Le Ciel, qui veut ma mort et qui l'a suspendue,
> Mon père, en ce moment m'amène à votre vue;
> Mon âme fugitive et prête à me quitter,
> S'arrête devant vous... mais pour vous imiter.
> Je meurs ; le voile tombe ; un nouveau jour m'éclaire;
> Je ne me suis connu qu'au bout de ma carrière ;

J'ai fait, jusqu'au moment qui me plonge au cercueil,
Gémir l'humanité du poids de mon orgueil.
Le ciel venge la terre : il est juste, et ma vie
Ne peut payer le sang dont ma main l'a rougie.
Le bonheur m'aveugla, la mort m'a détrompé :
Je pardonne à la main par qui Dieu m'a frappé.
J'étais maître en ces lieux ; seul j'y commande encore
Seul je puis faire grâce, et la fais à Zamore.
Vis, superbe ennemi, sois libre, et te souvien
Quel fut et le devoir et la mort d'un chrétien !

(A *Montèze, qui se jette à ses pieds.*)

Montèze, Américains qui furent mes victimes,
Songez que ma clémence a surpassé mes crimes.
Instruisez l'Amérique ; apprenez à ses rois
Que les chrétiens sont nés pour leur donner des lois.

(A *Zamore*)

Des dieux que nous servons, connais la différence ;
Les tiens t'ont commandé le meurtre et la vengeance ;
Et le mien, quand ton bras vient de m'assassiner,
M'ordonne de te plaindre et de te pardonner.

Il y a dans cette tragédie beaucoup de vers remarquables
par la force, la justesse, la précision de la pensée, jointes au
naturel et à l'élégante simplicité du style. En voici quelques uns :

Nous détestons ce Dieu qu'annonça leur fureur;
Nous l'aimons dans toi seul, il s'est peint dans ton cœur.

Eh ! qui peut t'inspirer cette auguste clémence ?
. . . .
Dieu, ma religion et la reconnaissance ;
. . . .
Dieu, ta religion ? Quoi ! ces tyrans cruels,
Monstres désaltérés dans le sang des mortels
Qui dépeuplent la terre et dont la barbarie,
En vaste solitude a changé ma patrie,

Dont l'infàme avarice est la suprême loi,
Mon père, ils n'ont donc pas le même Dieu que toi !

MAHOMET

Mahomet, par la grandeur et le contraste des caractères, par l'élévation et la justesse des pensées, par les principes de morale universelle qui ressortent des rôles des personnages et de l'action de la pièce, est l'une des meilleures productions de l'auteur. Cette tragédie a des défauts : Voltaire, doué d'une imagination vive, d'une conception facile, d'un grand talent pour le pathétique, a souvent sacrifié la vraisemblance et la perfection du drame à l'effet théâtral. Il avait pour principe qu'au théâtre il faut frapper fort plutôt que frapper juste. Dans son ensemble, la pièce a des imperfections ; dans ses détails, elle a des beautés tragiques qui n'ont été surpassées nulle part. Son principal mérite est de faire sentir qu'il existe une morale universelle indépendante de toute religion positive, et de faire comprendre que tous les crimes commandés au nom de la Divinité ne l'ont été que par des imposteurs qui ont abusé de la crédulité humaine en mettant leurs passions, leurs haines et leur vengeance à la place de la religion. Quelles leçons pour nous dans ces vers que le poëte met dans la bouche de Mahomet lorsqu'il demande à Séide la mort de Zopire ! Séide hésite, se récrie ; Mahomet, fort de l'empire qu'il a sur lui, lui tient ce langage :

Téméraire !

On devient sacrilége, alors qu'on délibère.

Loin de moi les mortels assez audacieux
Pour juger par eux-mêmes et pour voir par leurs yeux.
Quiconque ose penser n'est pas né pour me croire.
Obéir en silence est votre seule gloire.
Savez-vous qui je suis ? savez-vous en quels lieux
Ma voix vous a chargés des volontés des cieux ?
Si, malgré ses erreurs et son idolâtrie,
Des peuples d'Orient, la Mecque est la patrie ;
Si ce temple du monde est promis à ma loi ;
Si Dieu m'en a créé le pontife et le roi ;
Si la Mecque est sacrée, en savez-vous la cause ?
Ibrahim y naquit et sa cendre y repose ;
Ibrahim, dont le bras, docile à l'Éternel,
Traîna son fils unique aux marches de l'autel,
Étouffant, pour son Dieu, les cris de la nature.
Et quand ce Dieu par vous veut venger son injure,
Quand je demande un sang à lui seul adressé,
Quand Dieu vous a choisi vous avez balancé !
Allez, vil idolâtre, et né pour toujours l'être,
Indigne musulman, cherchez un autre maître.
Le prix était tout prêt, Palmyre était à vous ;
Mais vous bravez Palmyre et le ciel en courroux.
Lâche et faible instrument des vengeances suprêmes,
Les traits que vous portez vont tomber sur vous mêmes
Fuyez, servez, rampez sous mes fiers ennemis.

SÉIDE

Je crois entendre Dieu ; tu parles, j'obéis.

Non, non, malheureux, tu n'entends pas Dieu, tu n'entends qu'un homme qui t'a choisi pour commettre un crime utile à ses desseins. On ne peut s'empêcher de frémir, quand Séide, resté seul, prononce ces paroles :

Dieu m'a choisi pour ce grand sacrifice ;
J'en ai fait le serment, il faut qu'il s'accomplisse.

Voilà bien Séide, séduit par l'imposture, qui se croit l'ins.rument des volontés célestes ; mais le fanatisme n'a pas étouffé le cri de sa conscience. C'est ce qui devient manifeste dans les vers admirables de profondeur que le poëte met dans sa bouche :

> A tout ce qu'ils m'ont dit, je n'ai rien à répondre,
> Un mot de Mahomet suffit pour me confondre.
> Mais quand il m'accablait de cette sainte horreur,
> La persuasion n'a point rempli mon cœur.
> Si le Ciel a parlé, j'obéirai sans doute.
> . . . Mon esprit confus ne conçoit point encore
> Comment ce Dieu si bon, ce Père des humains,
> Pour un meurtre effroyable a réservé mes mains.
> Je ne le sais que trop que mon doute est un crime...
> . . . . . Lorsque j'ai vu ce malheureux Zopire,
> De ma religion j'ai senti moins l'empire...
> Que la religion est terrible et puissante !
> J'ai senti la fureur en mon cœur renaissante !
> Palmyre, je suis faible, et du meurtre effrayé,
> De ces saintes fureurs, je passe à la pitié.
> De sentiments confus une foule m'assiége ;
> Je crains d'être barbare, ou d'être sacrilége.
> Je ne me sens point fait pour être un assassin.
> Mais quoi ! Dieu me l'ordonne...

Peut-on présenter un tableau plus pathétique que ce combat de la conscience contre le fanatisme ? Dieu n'a jamais commandé le crime, et les tyrans qui en ont fait commettre en son nom sont des imposteurs. Voilà ce que le sens intime nous dit et dira éternellement à tous les hommes réunis pour assister à un tel spectacle. Pourquoi ? parce que cela vrai dans tous les temps, vrai dans tous les pays, et, l'on ne saurait trop le répéter, conforme aux principes de justice et de morale universelle que les passions peuvent faire oublier, mais que la conscience ne saurait méconnaître.

Ces impressions fâcheuses auraient pu rendre Mahomet odieux, insupportable ; mais l'auteur a eu l'art de les tempérer par l'élévation et la grandeur de caractère, par cet espèce de prestige qui s'attache au nom de ce personnage. Écoutons le parler :

> Si j'avais à répondre à d'autres qu'à Zopire,
> Je ne ferais parler que le dieu qui m'inspire ;
> Le glaive et l'Alcoran, dans mes sanglantes mains,
> Imposeraient silence au reste des humains ;
> Ma voix ferait sur eux les effets du tonnerre,
> Et je verrais leurs fronts attachés à la terre ;
> Mais je te parle en homme, et sans rien déguiser ;
> Je me sens assez grand pour ne pas t'abuser.
> Vois quel est Mahomet ; nous sommes seuls, écoute :
> Je suis ambitieux, tout homme l'est, sans doute ;
> Mais jamais roi, pontife, ou chef, ou citoyen
> Ne conçut un projet aussi grand que le mien.

Quand Zopire lui demande de quel droit il prétend asservir son pays. Mahomet lui répond :

> Le droit qu'un esprit vaste et ferme en ses desseins
> A sur l'esprit grossier des vulgaires humains.

ZOPIRE

> Eh quoi ! tout factieux qui pense avec courage
> Doit donner aux mortels un nouvel esclavage ?
> Il a droit de tromper, s'il trompe avec grandeur ?

MAHOMET

> Oui ; je connais ton peuple, il a besoin d'erreur ;
> Ou véritable ou faux, mon culte est nécessaire.
> Que t'ont produit tes dieux ? quel bien t'ont-ils pu faire
> Quels lauriers vois-tu croître au pied de leurs autels ?

Ta secte, obscure et basse, avilit les mortels,
Enerve le courage et rend l'homme stupide ;
La mienne élève l'âme et la rend intrépide :
Ma loi fait des héros.

ZOPIRE

Dis plutôt des brigands.
Porte ailleurs tes leçons, l'école des tyrans ;
Va vanter l'imposture à Médine, où tu règnes,
Où tes maîtres séduits marchent sous tes enseignes,
Où tu vois tes égaux à tes pieds abattus.

MAHOMET

Des égaux ! dès longtemps Mahomet n'en a plus.
Je fais trembler la Mecque, et je règne à Médine ;
Crois-moi, reçois la paix, si tu crains ta ruine.

ZOPIRE

La paix est dans ta bouche, et ton cœur en est loin.
Penses-tu me tromper ?

MAHOMET

Je n'en ai pas besoin.

On voit par ces citations que la tragédie de *Mahomet* est non-seulement remarquable au point de vue de l'art ; mais encore à celui de la morale et de la philosophie. Aucun ouvrage ne fait mieux sentir les dangers des préjugés religieux, de ces préjugés qui conduisent au fanatisme et à la tyrannie, ni les fondements de cette liberté de conscience que personne n'a défendue avec plus d'énergie que Voltaire.

MÉROPE

Mérope passe pour être le chef-d'œuvre de l'auteur. De tous ses ouvrages dramatiques, c'est en effet celui qu'il a le plus travaillé et dans lequel on rencontre le moins d'imperfections. Mais est-ce à dire que pour la grandeur de la conception et le but moral, il l'emporte sur *Alzire* et *Mahomet?* Est-ce à dire que pour l'intérêt et le pathétique, il l'emporte sur *Zaïre?* Je ne le pense pas.

Le sujet de *Mérope* est une mère prête à immoler son fils au moment où elle croit le venger. Ce sujet est éminemment tragique et, pour cela même, il ne pouvait être traité que par la main d'un maître. Voltaire l'a emprunté à Maffei; mais il y avait longtemps que la reconnaissance de Mérope et de son fils était signalée par Aristote comme l'une des situations les plus dramatiques du théâtre d'Euripide. L'auteur français a fondé l'intérêt de son ouvrage sur le sentiment maternel : Mérope est mère depuis le premier mot qu'elle prononce sur la scène jusqu'au dernier : le sort d'Egisthe est la seule pensée qui la préoccupe. Lorsque Ismène lui dit :

> Laissez passer l'empire en vos augustes mains.

Que répond Mérope ?

> L'empire est à mon fils. Périsse la marâtre,
> Périsse le cœur dur, de soi-même idolâtre,
> Qui peut goûter en paix, dans le suprême rang,
> Le barbare plaisir d'hériter de son sang !
> Si je n'ai plus de fils, que m'importe un empire ?

Ailleurs elle répond à Euryclès, quand il lui représente comme une nécessité d'épouser Polyphonte :

> Que parlez-vous toujours et d'hymen et d'empire.
> Parlez-moi de mon fils, dites-moi s'il respire.

Quel art de gradation dans cette scène du IVe acte où Mérope, qui a le plus grand intérêt à cacher à Polyphonte qu'Egisthe est son fils, se jette entre lui et les soldats au moment où ceux-ci vont l'immoler, sur l'ordre de Polyphonte ; elle s'écrie :

> Barbare ! il est mon fils.

EGISTHE

> Moi !... votre fils ?...

MÉROPE, *en l'embrassant*

> Tu l'es : et ce ciel que j'atteste,
> Ce ciel qui t'a formé dans un sein si funeste,
> Et qui trop tard, hélas ! a dessillé mes yeux,
> Te remet dans mes bras pour nous perdre tous deux.

Le personnage d'Egisthe est l'un des plus beaux et des mieux dessinés qui ont paru sur la scène. Il est accusé d'un meurtre, arrêté et conduit devant Mérope. Mérope l'interroge et lui demande s'il n'a employé qu'une juste défense. Voici comment le poëte le fait parler :

> J'en atteste le ciel, il sait mon innocence.
> Aux bords de la Pamise, en un temple sacré,
> Où l'un de vos aïeux, Hercule, est adoré,
> J'osais prier pour vous ce dieu vengeur des crimes.

Je ne pouvais offrir ni présents ni victimes ;
Né dans la pauvreté, j'offrais de simples vœux,
.Un cœur pur et soumis, présent des malheureux.
Il semblait que le dieu, touché de mon hommage,
Au-dessus de moi-même élevât mon courage.
Deux inconnus armés m'ont abordé soudain,
L'un dans la fleur des ans, l'autre vers son déclin.
Quel est donc, m'ont-ils dit, le dessein qui te guide,
Et quels vœux formes-tu pour la race d'Alcide?
L'un et l'autre à ces mots ont levé le poignard.
Le ciel m'a secouru dans ce triste hasard.
Cette main du plus jeune a puni la furie ;
Percé de coups, Madame, il est tombé sans vie.
L'autre a fui lâchement, tel qu'un vil assassin.
Et moi, je l'avoûrai, de mon sort incertain,
Ignorant de quel sang j'avais rougi la terre,
Craignant d'être puni d'un meurtre involontaire,
J'ai traîné dans les flots ce corps ensanglanté.
Je fuyais, vos soldats m'ont bientôt arrêté ;
Ils ont nommé Mérope, et j'ai rendu les armes.

Peut-on intéresser plus sûrement le spectateur au sort
d'Egisthe que par ce langage simple et naturel qui trou-
verait bien moins le chemin du cœur s'il était plus orné.
Cet intérêt grandit quand Mérope l'interroge sur le rang
que ses parents tiennent dans la Grèce ; il répond :

Si la vertu suffit pour faire la noblesse,
Ceux dont je tiens le jour, Polyclète, Sirris,
Ne sont point des mortels dignes de vos mépris :
Leur sort les avilit ; mais leur sage constance
Fait respecter en eux l'honorable indigence.
Sous ses rustiques toits, mon père vertueux
Fait le bien, suit les lois, et ne craint que les dieux.

Ce langage ne soutient-il pas la comparaison avec
celui de cette scène admirable où l'auteur de *Phèdre*,

l'immortel Racine, fait parler Hippolyte, faussement accusé d'un crime qui porte atteinte à l'honneur de son père. La différence des nuances, entre ces deux scènes naît de la différence des situations ; mais la perfection est la même dans les deux poëtes.

SÉMIRAMIS

Sémiramis, par la magnificence du style, par les scènes tragiques qui abondent dans cet ouvrage, et plus spécialement dans le IVe acte, fait honneur au génie de Voltaire. Si les imperfections de cette tragédie ne permettent pas de la mettre sur la même ligne que *Zaïre*, que *Mérope*, que *Mahomet*, ses beautés l'ont placée parmi les meilleurs et les plus remarquables ouvrages du second rang dans le genre tragique. Voltaire s'est servi d'un moyen dont Shakespeare avait tiré de grands effets dans *Hamlet*. Il a fait apparaître l'ombre de Ninus demandant vengeance de ses assassins, comme le poëte anglais fait paraître le spectre du père d'Hamlet demandant également vengeance. Ce spectre vient révéler des crimes secrets. Il apparaît la nuit, dans l'obscurité. Cette scène est conduite avec plus d'art que celle du poëte français, qui fait paraître l'ombre de Ninus en plein jour, dans une assemblée de plusieurs personnes. Aussi l'apparition du spectre du père d'Hamlet produit de plus grands effets au théâtre que celle de l'ombre de Ninus.

Voltaire est d'avis que l'on ne doit pas abuser du merveilleux ; cependant il pense qu'employé avec mesure et discernement, il peut être un excellent ressort tragique. J'ose affirmer, dit-il, dans une dissertation placée en tête de *Sémiramis*, que lorsqu’un prodige est annoncé dans le commencement d’une tragédie, quand il est préparé, quand on est parvenu enfin jusqu’au point de le rendre nécessaire, de le faire désirer même par le spectateur, il se place au rang des choses naturelles. Ces conditions se rencontrent-elles dans l’apparition de l’ombre de Ninus? Pas le moins du monde. En est-il de même pour le spectre d’Hamlet? Évidemment non. Tous les critiques sont unanimes pour reconnaître que Voltaire est resté inférieur sous ce rapport au poëte anglais. Cette imperfection, qui n’est pas la seule de l’ouvrage, est largement compensée par la beauté des détails dans les trois premiers actes et par l’intérêt dans les deux derniers.

Dans le dénoûment nous sentons la pitié se mêler à l’horreur du parricide; deux sentiments qui semblent s’exclure, et qui cependant produisent une situation pleine d’intérêt et qui fait répandre des larmes. On amène Sémiramis mourante sur la scène; elle s’adresse à son fils, à Ninias, qui vient, dans un égarement qui paraît l’ouvrage des dieux, de frapper sa mère d’un coup mortel; elle lui dit :

> Viens me venger, mon fils : un monstre sanguinaire,
> Un traître, un sacrilége, assassine ta mère.

NINIAS

> O jour de la terreur ! ô crimes inouïs !
> Ce sacrilége affreux, ce monstre est votre fils.
> Au sein qui m'a nourri, cette main s'est plongée :
> Je vous suis dans la tombe et vous serez vengée.

SÉMIRAMIS

> Hélas ! j'y descendis pour défendre tes jours.

Ta malheureuse mère allait à ton secours...
J'ai reçu de tes mains la mort qui m'était due

NINIAS

Ah! c'est le dernier trait à mon âme éperdue.
J'atteste ici les dieux qui conduisaient mon bras,
Ces dieux qui m'égaraient...

SÉMIRAMIS

                     Mon fils, n'achève pas
Je te pardonne tout, si, pour grâce dernière,
Une si chère main ferme au moins ma paupière.
Viens, je te le demande au nom du même sang
Qui t'a donné la vie et qui sort de mon flanc.
Ton cœur n'a pas sur moi conduit ta main cruelle.
Quand Ninus expira, j'étais plus criminelle
J'en suis assez punie... Il est donc des forfaits
Que le courroux des dieux ne pardonne jamais!
Ninias, Azéma, que votre hymen efface
L'opprobre dont mon crime a souillé votre race;
D'une mère expirante approchez-vous tous deux;
Donnez-moi votre main; vivez, régnez heureux:
Cet espoir me console, il mêle quelque joie
Aux horreurs de la mort où mon âme est en proie.
Je la sens... elle vient... Songe à Sémiramis,
Ne hais point sa mémoire: ô mon fils! mon cher fils...

C'est avec cette magie de style, ce langage du cœur
que le grand poëte sait tirer des larmes dans une situation
que la médiocrité pourrait à peine faire supporter.

C'est là un morceau, comme bien d'autres du même
écrivain, dont on ne peut mieux faire sentir les beautés
qu'en laissant parler le poëte lui même.

ORESTE

Le sujet d'*Oreste* est emprunté au théâtre grec. Comme dans *Sémiramis*, c'est un fils qui venge sur sa mère la mort de son père. Cependant ces deux ouvrages n'ont presque aucun trait de ressemblance. Le caractère de Clytemnestre diffère du tout au tout de celui de Sémiramis : toutes deux sont coupables du meurtre de leurs époux. Clytemnestre est éprise d'un amour coupable pour Egisthe, qui devient l'instrument de ses crimes. Elle fait mourir Agamemnon pour épouser son complice, qui devient un maître devant lequel sa volonté doit fléchir. Bien qu'elle soit une épouse criminelle, le sentiment maternel n'est pas effacé de son cœur : elle est mère, elle s'intéresse au sort de ses enfants, elle les défend, elle les protége contre la haine et la vengeance son second époux.

Sémiramis, comme Clytemnestre, a fait mourir son mari; comme elle, elle a eu besoin d'un complice; mais elle ne l'a jamais aimé. Son crime n'a eu d'autre mobile que l'ambition et la soif du pouvoir. Jamais ce complice n'a pu lui imposer sa volonté. Voici comment elle en parle à Otane :

> Je ne l'ai point trompé, je ne veux pas le craindre,
> J'ai su quinze ans entiers, quel que fût son projet,
> Le tenir dans le rang de mon premier sujet.

De là tant de nuances différentes entre ces deux ouvrages, dont le fond est à peu près le même. C'est ce qui est particulièrement sensible dans la scène où Électre demande à sa mère de rappeler son frère Oreste. Clytemnestre lui répond :

                    Electre, levez-vous ;
Ne parlez point d'Oreste et craignez mon époux.
J'ai plaint les fers honteux dont vous êtes chargée ;
Mais d'un maître absolu la puissance outragée
Ne pouvait épargner qui ne l'épargne pas :
Et vous l'avez forcé d'appesantir son bras.
Moi-même, qui me vois sa première sujet, et
Moi, qu'offensa toujours votre plainte indiscrète,
Qui tant de fois pour vous ai voulu le fléchir,
Je l'irritais encore, au lieu de l'adoucir.
N'imputez qu'à vous seule un affront qui m'outrage ;
Pliez à votre état ce superbe courage.

Plus loin elle ajoute :

Votre frère est vivant, reprenez l'espérance ;
Mais s'il est en danger, c'est par votre imprudence.
Modérez vos fureurs et sachez aujourd'hui,
Plus humble en vos chagrins, respecter mon ennui.
Vous pensez que je viens, heureuse et triomphante,
Conduire dans la joie une pompe éclatante.
Electre, cette fête est un jour de douleur :
Vous pleurez dans les fers, et moi, dans ma grandeur.
Je sais quel vœu forma votre haine insensée.
N'implorez plus les dieux ; ils vous ont exaucée.

La troisième scène du Ve acte nous offre l'une des situations les plus tragiques que l'on rencontre au héâtre. Au moment où Égisthe commande à ses soldats de frapper Oreste, Électre surmonte la honte de supplier un tyran qui lui inspire une invincible horreur : elle lui demande de ne pas tremper ses mains dans le sang de son frère. Elle fait pour lui ce qu'elle n'aurait pas fait pour elle-même, et dans quels termes :

Cruel ! si ton courroux peut épargner mon frère,
(Je ne puis oublier le meurtre de mon père),

Mais je pourrais du moins, muette à ton aspect,
Me forcer au silence, et peut être au respect.

Égisthe, tout entier à la vengeance, flatté de l'abaisse-
ment où il a réduit la fille d'Agamemnon, lui répond :

Je vais frapper ton frère, et tu vivras captive ;
Ma vengeance est entière : au bord de son cercueil,
Je te vois sans effet abaisser ton orgueil.

Devant cet arrêt cruel Clytemnestre se récrie, se
révolte. L'amour maternel, que le poëte a eu soin de
nous montrer si vivant dans son cœur, lui rend la force
de résister à Égisthe. Avec quelle énergie, quelle véhé-
mence, elle s'oppose au dessein du tyran de sa famille !
il faut l'entendre elle-même :

Egisthe, c'en est trop ; c'est trop braver peut-être
Et la veuve et le sang du roi qui fut ton maître.
Je défendrai mon fils et, malgré tes fureurs,
Tu trouveras sa mère encor plus que ses sœurs.
Que veux-tu ? Ta grandeur, que rien ne peut détruire,
Oreste en ta puissance, et qui ne peut te nuire,
Electre enfin soumise et prête à te servir,
Ephise à tes genoux, rien ne peut te fléchir !
Va, de tes cruautés, je fus assez complice ;
Je t'ai fait en ces lieux un trop grand sacrifice.
Faut-il, pour t'affermir dans ce funeste rang,
T'abandonner encor le plus pur de mon sang ?
N'aurai-je donc jamais qu'un époux parricide ?
L'un massacre ma fille aux campagnes d'Aulide ;
L'autre m'arrache un fils et l'égorge à mes yeux,
Sur la cendre du père, à l'aspect de ses dieux.
Tombe avec moi plutôt ce fatal diadème,
Odieux à la Grèce et pesant à moi-même !
Je t'aimai, tu le sais ; c'est un de mes forfaits

Et le crime subsiste ainsi que mes bienfaits
Mais enfin de mon sang, mes mains seront avares;
Je l'ai trop prodigué pour des époux barbares
J'arrêterai ton bras levé pour le verser.
Tremble, tu me connais... tremble de m'offenser.
Nos nœuds me sont sacrés, et ta grandeur m'est chère ;
Mais Oreste est mon fils, arrête et crains sa mère.

BRUTUS

Brutus, *Rome sauvée* et la *Mort de César* sont empreints de cette grandeur et de cet esprit patriotique qui distinguaient les Romains sous la République. Ce n'était pas une chose facile de mettre en scène ces personnages de l'ancienne Rome, de les faire agir et parler comme ils ont agi et parlé dans l'histoire, c'est-à-dire en citoyens romains. Voltaire a réussi dans cette tâche, où un écrivain médiocre aurait évidemment échoué. Brutus, Catilina, Caton, César, Cicéron sont des personnages dont on ne peut altérer le caractère historique sans nuire à l'effet de la plus belle pièce de théâtre. Nous les avons vus agir et parler dans l'histoire ; lorsque nous les revoyons sur la scène, nous aimons à retrouver les mêmes hommes. Plus ils ont eu de courage, d'énergie, de désintéressement, de véritable grandeur, plus il y a de mérite, de difficultés vaincues à se tenir constamment à la hauteur qu'exige la peinture de tels personnages.

L'étude de l'histoire et des chefs-d'œuvre du grand Corneille a été sans doute d'un puissant secours à Voltaire ; mais son séjour en Angleterre ne lui a pas été moins utile que cette étude. Le spectacle de la seule nation libre qu'il y eût alors en Europe, l'esprit patriotique de ses citoyens, la prospérité, l'étendue de ses relations commer=

ciales, et plus particulièrement l'étude de sa littérature, lui ont appris à penser fortement, circonstance qui a exercé une grande influence sur les écrits de l'auteur, qui jusqu'alors n'avait vu que la cour railleuse et sceptique du régent.

Nous retrouvons dans *Brutus*, dont nous avons déjà cité un passage plein de séve républicaine, cette vertu des premiers Romains, ce désintéressement qui plaçait les richesses au-dessous de l'honneur de la patrie et de la dignité de ses citoyens, et qui devait faire de Rome la maîtresse du monde. Arons, ambassadeur toscan, après avoir déclaré la guerre aux Romains, réclame la fille et les trésors de Tarquin, qu'il a laissés dans Rome. Il s'attend à un refus, et déjà il semble s'en prévaloir pour humilier le sénat. Brutus lui répond :

> Vous connaissez bien mal et Rome et son génie,
> Ces pères des Romains, vengeurs de l'équité,
> Ont blanchi dans la pourpre et dans la pauvreté ;
> Au-dessus des trésors que sans peine ils vous cèdent,
> Leur gloire est de dompter les rois qui les possèdent :
> Prenez cet or, Arons, il est vil à nos yeux.
> Quant au malheureux sang d'un tyran odieux,
> Malgré la juste horreur que j'ai pour sa famille,
> Le Sénat à mes soins a confié sa fille.
> Elle n'a point ici de ces respects flatteurs
> Qui des enfants des rois empoisonnent les cœurs
> Elle n'a point trouvé la pourpre et la mollesse,
> Dont la cour des Tarquins enivra sa jeunesse:
> Mais je sais ce qu'on doit de bontés et d'honneur
> A son sexe, à son âge, et surtout au malheur.
> Dès ce jour en son camp, que Tarquin la revoie ;
> Mon cœur même en conçoit une secrète joie.
> Qu'aux tyrans désormais, rien ne reste en ces lieux
> Que la haine de Rome et le courroux des dieux.
> Pour emporter au camp l'or qu'il faut y conduire,
> Rome vous donne un jour ce temps doit vous suffire.

Ma maison cependant est votre sûreté;
Jouissez-y des droits de l'hospitalité.
Voilà ce que par moi le Sénat vous annonce.
Ce soir, à Porsenna rapportez ma réponse :
Reportez-lui la guerre, et dites à Tarquin
Ce que vous avez vu dans le Sénat romain.

Plus loin, quand Arons, arrêté par les soldats romains, réclame sa liberté en qualité d'ambassadeur, n'est-il pas confondu par la réponse de Brutus :

Tu n'es qu'un conjuré paré d'un nom sublime,
Que l'impunité seule enhardissait au crime.
Les vrais ambassadeurs, interprètes des lois,
Sans les déshonorer savent servir leurs rois.
De la foi des humains, discrets dépositaires,
La paix seule est le fruit de leurs saints ministères.
Des souverains du monde, ils sont les nœuds sacrés,
Et partout bienfaisants, sont partout révérés.
A ces traits, si tu peux, ose te reconnaître;
Mais si tu veux au moins rendre compte à ton maître
Des ressorts, des vertus, des lois de cet État.
Comprends l'esprit de Rome et connais le Sénat.
Ce peuple auguste et saint, sait respecter encore
Les lois des nations, que ta main déshonore;
Plus tu les méconnais, plus nous les protégeons ;
Et le seul châtiment qu'ici nous t'imposons,
C'est de voir expirer les citoyens perfides
Qui liaient avec toi leurs complots paricides.
Tout couvert de leur sang, répandu devant toi,
Va d'un crime inutile entretenir ton roi,
Et montre, en ta personne, aux peuples d'Italie
La sainteté de Rome et ton ignominie.

L'un des endroits les plus émouvants de cette tragédie est celui où Titus se jette aux pieds de son père et le supplie, pour prix de ses remords, de ne point le haïr

Brutus, placé entre ses devoirs de juge et le sentiment paternel, s'écrie :

O Rome ! ô mon pays !

Proculus... à la mort que l'on mène mon fils.
Lève-toi, triste objet d'horreur et de tendresse :
Lève-toi, cher appui qu'espérait ma vieillesse ;
Viens embrasser ton père : il t'a dû condamner ;
Mais s'il n'était Brutus, il t'allait pardonner.
Mes pleurs en te parlant, inondent ton visage :
Va, porte à ton supplice un plus mâle courage ;
Va, ne t'attendris point, sois plus Romain que moi.

Que de beautés dans ces neuf vers qui nous peignent si bien l'âme de Brutus, le combat de la nature contre les devoirs du consul romain. Ce passage n'est-il pas comparable, pour le sublime, au fameux : « Qu'il mourût !» de Corneille, dans l'un de ses chefs-d'œuvre, où il nous transporte d'admiration, pour le patriotisme du vieil Horace.

ROME SAUVÉE

La conjuration de Catilina a fourni à Voltaire le sujet de *Rome sauvée*, sujet qui présentait non moins de difficultés que celui de *Brutus*. Cicéron est sans contredit l'âme et le principal personnage de cette tragédie ; mais il y a d'un autre côté Catilina, César, Caton, qui ne sont pas et ne peuvent être des personnages subalternes. Pour conserver l'unité d'intérêt, l'art du poëte devait saisir les nuances qui distinguent leurs différents caractères, afin de bien marquer la place qu'ils doivent occuper dans l'ouvrage. C'est l'un des grands mérites de cette tragédie, mérite que l'on peut faire sentir par quelques citations.

Catilina, jaloux de l'élévation de Cicéron, lui reproche son origine plébéienne, et ne voit dans ses avertissements qu'un effet de l'inimitié. Cicéron lui répond :

> C'est ainsi que s'explique un reste de pitié.
> Vos cris audacieux, votre plainte frivole,
> Ont assez fatigué les murs du Capitole.
> Vous feignez de penser que Rome et le Sénat
> Ont avili dans moi l'honneur du Consulat.
> Concurrent malheureux à cette place insigne,
> Votre orgueil l'attendait ; mais en étiez-vous digne ?
> La valeur d'un soldat, le nom de vos aïeux,
> Ces prodigalités d'un jeune ambitieux,
> Ces jeux et ces festins qu'un vain luxe prépare,
> Étaient-ils un mérite assez grand, assez rare
> Pour vous faire espérer de dispenser des lois
> Au peuple souverain qui règne sur les rois ?
> A vos prétentions j'aurais cédé peut-être,
> Si j'avais vu dans vous ce que vous deviez être.
> Vous pouviez de l'État être un jour le soutien;
> Mais pour être consul devenez citoyen.
> Pensez-vous affaiblir ma gloire et ma puissance,
> En décriant mes soins, mon état, ma naissance ?
> Dans ces temps malheureux, dans nos jours corrompus,
> Faut-il des noms à Rome ? Il lui faut des vertus.
> Ma gloire (et je la dois à des vertus sévères),
> Est de ne rien tenir des grandeurs de mes pères.
> Mon nom commence en moi : de votre honneur jaloux,
> Tremblez que votre nom ne finisse dans vous.

Ce langage n'est-il pas digne de l'auteur des *Catilinaires* ? Ailleurs, quand Catilina presse César d'entrer dans la conjuration, César refuse. J'entends, lui répond Catilina, tu veux nous ravir les fruits de la guerre civile

et t'élever sur les débris des deux partis. Non, répond
César :

Non, je veux des dangers plus dignes de mon cœur.
Ma haine pour Caton, ma fière jalousie
Des lauriers dont Pompée est couvert en Asie,
Le crédit, les honneurs, l'éclat de Cicéron,
Ne m'ont déterminé qu'à surpasser leur nom.
Sur les rives du Rhin, de la Seine et du Tage,
La victoire m'appelle, et voilà mon partage.

CATILINA

Commence donc par Rome, et songe que dema
J'y pourrais avec toi marcher en souverain.

CÉSAR

Ton projet est bien grand, peut-être téméraire
Il est digne de toi; mais, pour ne te rien taire,
Plus il doit t'agrandir, moins il est fait pour moi.

CATILINA

Comment ?

CÉSAR

Je ne veux pas ici servir sous toi

CATILINA

Ah! crois qu'avec César on partage sans peine.

CÉSAR

On ne partage point la grandeur souveraine.
Va, ne te flatte pas que jamais à son char,
L'heureux Catilina puisse enchaîner César.
Tu m'as vu ton ami; je le suis, je veux l'être;
Mais jamais mon ami ne deviendra mon maître.

Plus loin il ajoute :

> Je vois que tôt ou tard Rome sera soumise.
> J'ignore mon destin ; mais si j'étais un jour,
> Forcé par les Romains de régner à mon tour,
> Avant que d'obtenir une telle victoire,
> J'étendrai, si je puis, leur empire et leur gloire.

Catilina fait un dernier effort pour triompher de la résistance de César, il lui laisse entrevoir la perspective de subir la loi de Cicéron ou de régner avec lui. César n'hésite pas, il répond :

> Je ne veux l'un ni l'autre : il n'est pas temps de feindre.
> J'estime Cicéron, sans l'aimer ni le craindre.
> Je t'aime, je l'avoue, et ne je te crains pas.
> Divise le Sénat, abaisse des ingrats,
> Tu le peux, j'y consens ; mais si ton âme aspire
> Jusqu'à m'oser soumettre à ton nouvel empire,
> Ce cœur sera fidèle à tes secrets desseins,
> Et ce bras combattra l'ennemi des Romains.

Ne reconnaît-on pas là l'homme qui disait : J'aime mieux être le premier dans un village que le second dans Rome.

LA MORT DE CÉSAR

Dans *Brutus* nous avons vu un père qui condamne son fils à mort parce que l'intérêt et les lois du pays l'exigent ; dans la *Mort de César*, c'est un fils qui sacrifie le sien par dévouement à la patrie. Dès qu'il est admis que Brutus est fils de César, ce sont les données de la tragédie de Voltaire, les devoirs patriotiques ne doivent plus connaître de limites, puisqu'on les doit pousser jusqu'au parricide. Cette situation périlleuse offrait de gran-

des difficultés, plus grandes même que celles de la tragédie de *Brutus*. Pour contre-balancer ce qu'elle avait de
réellement insupportable, il fallait que l'amour du fils
de César pour sa patrie fût en quelque sorte une passion qui l'emportât sur les liens du sang et de l'amitié; il
fallait en faire un citoyen dévoué devant lequel tout autre intérêt cédât à celui du pays. Tout cela a été parfai-
tement senti et compris par le poëte. Voici comment
César dépeint lui-même Brutus :

> Il a d'autres vertus : son superbe courage
> Flatte en secret le mien, même alors qu'il l'outrage ;
> Il m'irrite, il me plaît ; son cœur indépendant
> Sur mes sens étonnés prend un fier ascendant.
> Sa fermeté m'impose, et je l'excuse même
> De condamner en moi l'autorité suprême.
> Soit qu'étant homme et père, un charme séducteur,
> L'excusant à mes yeux, me trompe en sa faveur ;
> Soit qu'étant né Romain, la voix de ma patrie
> Me parle malgré moi contre ma tyrannie,
> Et que la liberté, que je viens d'opprimer,
> Plus forte encor que moi, me condamne à l'aimer.
> Te dirai-je encor plus ? Si Brutus me doit l'être,
> S'il est fils de César, il doit haïr un maître.
> J'ai pensé comme lui dès mes plus jeunes ans ;
> J'ai détesté Sylla, j'ai haï les tyrans.
> J'eusse été citoyen, si l'orgueilleux Pompée
> N'eût voulu m'opprimer sous sa gloire usurpée.
> Né fier, ambitieux, mais né pour les vertus,
> Si je n'étais César, j'aurais été Brutus.

Voilà ce fier républicain qui ne pourra cependant apprendre sans émotion qu'il est fils de César; et dans
quelles circonstances ? un moment après qu'il vient de
jurer sa mort. Quelle épreuve pour Brutus! Il arrive pâle
et abattu au milieu des conjurés, qui l'attendent avec im-

patience, il leur révèle ce terrible mystère, il demande leur avis ; Cassius lui répond :

> Si tu n'étais qu'un citoyen vulgaire,
> Je te dirais : va, sers, sois tyran sous ton père ;
> Écrase cet État que tu dois soutenir ;
> Rome aura désormais deux traîtres à punir.
> Mais je parle à Brutus, à ce puissant génie,
> A ce héros armé contre la tyrannie,
> Dont le cœur inflexible, au bien déterminé,
> Épura tout le sang que César t'a donné.
> Écoute : tu connais avec quelle furie
> Jadis Catilina menaça sa patrie

BRUTUS

Oui.

CASSIUS

> Si, le même jour que ce grand criminel
> Dut à la liberté porter le coup mortel ;
> Si, lorsque le Sénat eut condamné ce traître.
> Catilina pour fils t'eût voulu reconnaître,
> Entre ce monstre et nous, forcé de décider,
> Parle, qu'aurais-tu fait ?

BRUTUS

> Peux-tu le demander ?
> Penses-tu qu'un instant ma vertu, démentie,
> Eût mis dans la balance un homme et la patrie ?

Cependant Brutus est loin d'être un fils dénaturé ; il aime César, il admire ses exploits, il s'efforce de le détourner du projet d'asservir Rome, il lui montre tous les dangers d'un tel dessein, il ne révèle pas le secret de la conjuration, mais il va jusqu'à dire :

> Sais-tu bien qu'il y va de ta vie ?
> Sais-tu que le Sénat n'a point de vrai Romain

Qui n'aspire en secret à te percer le sein?
Que le salut de Rome et que le tien me touche!
Ton génie alarmé te parle par ma bouche;
Il me pousse, il me presse, il me jette à tes pieds.
César, au nom des dieux, dans ton cœur oubliés,
Au nom de tes vertus, de Rome et de toi-même,
Dirai-je au nom d'un fils qui frémit et qui t'aime,
Qui te préfère au monde, et Rome seule à toi,
Ne me rebute pas!

CÉSAR

      Malheureux, laisse-moi.
Que me veux-tu?

BRUTUS

      Crois-moi, ne sois point insensible.

CÉSAR

L'univers peut changer, mon âme est inflexible.

BRUTUS

Voilà donc ta réponse?

CÉSAR

      Oui, tout est résolu:
Rome doit obéir quand César l'a voulu.

BRUTUS

Adieu, César.

CÉSAR

      Eh quoi! d'où viennent tes alarmes?
Demeure encor, mon fils. Quoi! tu verses des larmes?
Quoi! Brutus peut pleurer? Est-ce d'avoir un roi
Pleures-tu les Romains?

BRUTUS

      Je ne pleure que toi.
Adieu, te dis-je.

CÉSAR

      O Rome, ô rigueur héroïque
Que ne puis-je à ce point aimer ma république!

Il n'y a aucun rôle de femme dans cette tragédie. C'était une nouveauté sans exemple sur la scène française. Aussi quand Voltaire a écrit *la Mort de César*, il ne la destinait pas au théâtre. Ce n'est pas qu'en suivant l'exemple de Shakespeare, dans *Jules César*, il ne pût en introduire. Le rôle de Porcia n'eût certainement pas été déplacé dans la pièce française ; mais Voltaire a trouvé moyen de remplir la carrière de trois actes sans épisodes étrangers au sujet, sans rôles de femme, sans digression, sans amours de commande comme Fontenelle et mademoiselle Barbier dans une tragédie sur la mort de César, qui n'est plus connue que des gens de lettres.

Certains critiques ont reproché à Voltaire d'être resté au-dessous de Shakespeare dans la scène où Antoine excite le peuple contre les meurtriers de César ; d'autres ont trouvé que cette scène faisait languir le dénoûment, qu'elle était un hors-d'œuvre, que la pièce devait finir à la mort de César. Je serais assez disposé à me ranger à cette dernière opinion, parce qu'après avoir intéressé le spectateur pendant trois actes aux sentiments patriotiques et au dévouement civique des conjurés, il n'est guère possible de modifier ces impressions sans rompre l'unité d'intérêt et changer le caractère de l'ouvrage.

Nous ne nous arrêterons pas aux autres productions dramatiques de Voltaire. Les unes se sentent de la faiblesse de l'âge, les autres des qualités qui manquaient à l'auteur pour réussir dans tous les genres et les aborder avec la même perfection. Mais si la postérité ne se souvient et ne doit se souvenir que des bons ouvrages, de combien de chefs-d'œuvre n'est-elle pas redevable à la

plume de Voltaire, qui fut et qui restera l'un des plus émi-
nents tragiques du monde entier.

La France n'est-elle pas en droit de se montrer aussi
fière, aussi glorieuse de ses Corneille, de ses Racine, de
ses Voltaire, que la Grèce de ses Homère, de ses Sophocle, de ses Euripide, que Rome de ses Virgile, que l'Italie
et l'Angleterre de ses Tasse et de ses Milton? N'eût-il
que le seul mérite littéraire, Voltaire restera dans la postérité la plus reculée l'une des plus belles gloires de la
France.

IV

Dans la poésie légère, Voltaire est loin d'avoir atteint à la perfection que nous lui reconnaissons dans l'épopée et la tragédie. Soit que le caractère de son esprit ne pût se plier à certaines formes qui s'écartaient trop de son génie, soit que, trop certain de sa supériorité, il n'ait pu se résigner à approfondir un genre de poésie qui, pour paraître plus facile, n'exige pas moins des études approfondies, il est resté inférieur à lui-même dans plusieurs de ses essais. Nous le jugeons peut-être trop sévèrement, quand plusieurs critiques expriment l'opinion que ses *Discours en vers* ne sont guère inférieurs aux *Épîtres* de Boileau. Si Voltaire n'a pas atteint à la perfection du législateur du Parnasse français, ce n'est pas, à coup sûr, à défaut de talent. Cela se comprend quand on sait qu'il n'a jamais pu se conformer à ce précepte de l'*Art poétique* :

> Hâtez-vous lentement, et, sans perdre courage,
> Vingt fois sur le métier remettez votre ouvrage ;
> Polissez-le sans cesse et le repolissez ;
> Ajoutez quelquefois et souvent effacez.

DISCOURS SUR LA MODÉRATION

Fidèle à la règle que nous avons suivie jusqu'ici, de justifier par des citations les éloges que nous avons faits des poésies de notre auteur, nous persistons dans ce système pour prouver ce que nous venons d'avancer. En effet, que saurions-nous faire de mieux, sinon de laisser parler le poëte lui-même? Voici un passage de son *Discours sur la modération*, dans lequel on reconnaît la main du maître. Écoutez-le :

Réaumur dont la main, si savante et si sûre,
 A percé tant de fois la nuit de la nature,
M'apprendra-t-il jamais par quels subtils ressorts
L'éternel Artisan fait végéter les corps?
Pourquoi l'aspic affreux, le tigre, la panthère
N'ont jamais adouci leur cruel caractère;
Et que, reconnaissant la main qui le nourrit,
Le chien meurt en léchant le maître qu'il chérit.
D'où vient qu'avec cent pieds, qui semblent inutiles,
 Cet insecte tremblant traîne ses pas débiles.
Pourquoi ce ver changeant se bâtit un tombeau,
S'enterre, et ressuscite avec un corps nouveau,
Et, le front couronné, tout brillant d'étincelles,
 S'élance dans les airs en déployant ses ailes?
Le sage Dufaï, parmi ses plants divers,
Végétaux rassemblés des bouts de l'univers,
Me dira-t-il pourquoi la tendre sensitive
Se flétrit sous nos mains, honteuse et fugitive?
Malade et dans un lit, de douleur accablé,
Par l'éloquent Sylva vous êtes consolé :
    sait l'art de guérir autant que l'art de plaire.
Demandez à Sylva par quel secret mystère
Ce pain, cet aliment dans mon corps digéré,
Se transforme en un lait doucement préparé;
Comment, toujours filtré dans ces routes certaines,
En long ruisseau de pourpre il court enfler nos veines,
A mon corps languissant rend un pouvoir nouveau,
Fait palpiter mon cœur et penser mon cerveau;
Il lève au ciel les yeux, il s'incline, il s'écrie :
Demandez-le à ce Dieu qui nous donna la vie.

DISCOURS

SUR L'ÉGALITÉ DES CONDITIONS

Dans le *Discours sur l'égalité des conditions*, le poëte nous fait une peinture de celle des ouvriers campagnards, d'autant plus admirable que cette matière paraît peu susceptible d'un coloris poétique. Voyons ce charmant tableau.

> Vois-tu dans ces vallons ces esclaves champêtres
> Qui creusent ces rochers, qui font fendre ces hêtres,
> Qui détournent ces eaux, qui, la bêche à la main,
> Fertilisent la terre en déchirant son sein ?
> Ils ne sont point formés sur le brillant modèle
> De ces pasteurs galants qu'a chantés Fontenelle,
> Ce n'est point Timarelle et le tendre Tyrcis,
> De roses couronnés, sous des myrtes assis,
> Entrelaçant leurs noms sur l'écorce des chênes,
> Vantant avec esprit leurs plaisirs et leurs peines.
> C'est Pierrot, c'est Colin, dont bras le vigoureux
> Soulève un char tremblant dans un fossé bourbeux.
> Perrette, au point du jour, est aux champs la première :
> Je les vois, haletants et couverts de poussière,
> Braver dans ces travaux, chaque jour répétés,
> Et le froid des hivers et le feu des étés.
> Ils chantent cependant ; leur voix fausse et rustique
> Gaîment de Pellegrin détonne un vieux cantique.
> La paix, le doux sommeil, la force, la santé
> Sont le fruit de leur peine et de leur pauvreté.

Il y a là, dit la Harpe dans son *Cours de littérature*, fort peu à désirer parmi une foule de beautés saillantes ; des peintures vives, riches et contrastées ; des traits de force et des traits gracieux, et partout ce tour aisé, cette liaison naturelle des idées qui s'enchaînent l'une à l'autre; cette clarté brillante qui ne laisse pas le moindre nuage sur la pensée. De tout cela naît un charme de style dont si peu de gens connaissent le mérite et le secret; mais dont l'effet est démontré pour tout le monde par la facilité qu'auront toujours de pareils vers à se graver dans la mémoire.

POÈME DE LA LOI NATURELLE

Nous terminerons ces citations par un passage du *Poëme de la loi naturelle*, ouvrage qui par le style, le raisonnement, les matières et la forme, se rapproche beaucoup des *Discours en vers* de l'auteur.

> Dans nos jours passagers de peines de misères,
> Enfants du même Dieu, vivons du moins en frères;
> Aidons-nous l'un et l'autre à porter nos fardeaux :
> Nous marchons tous courbés sous le poids de nos maux;
> Mille ennemis cruels assiégent notre vie,
> Toujours par nous maudite et toujours si chérie.
> Quelquefois dans nos jours consacrés aux douleurs,
> Par la main du plaisir, nous essuyons nos pleurs;
> Mais le plaisir s'envole et passe comme une ombre :
> Nos chagrins, nos regrets, nos pertes sont sans nombre;
> Notre cœur égaré, sans guide et sans appui,
> Est brûlé de désirs ou glacé par l'ennui;
> Nul de nous n'a vécu sans connaître les larmes.
> De la société les secourables charmes
> Consolent nos douleurs au moins quelques instants :
> Remède encor trop faible à des maux si constants
> Ah! n'empoisonnons pas la douceur qui nous reste.
> Je crois voir des forçats, dans un cachot funeste,
> Se pouvant secourir, l'un sur l'autre acharnés,
> Combattre avec les fers dont ils sont enchaînés.

La haine, qui est souvent maladroite, a contesté à Voltaire ses talents poétiques, et même il n'est pas rare de rencontrer de nos jours des hommes qui soutiennent encore des assertions aussi erronées.

Que la versification de Voltaire soit moins parfaite que celle de Racine, qu'il y ait plus de richesse de rime dans l'une que dans l'autre, que Voltaire, ce qui lui arrive rarement dans ses bons ouvrages, ait des négligences, des termes impropres que Racine ne se serait pas permis, tous les critiques de bonne foi en conviennent ; mais tous demeurent d'accord qu'il est, de tous les poëtes français du XVIIIe siècle, celui qui a le plus approché de la perfection de ce modèle et fait le plus d'honneur à la poésie française.

V

Voltaire nous a laissé un grand nombre d'écrits en prose sur différentes matières, telles que la critique littéraire, l'histoire, la philosophie, le conte et le roman. La plupart de ces œuvres suffiraient seules pour assurer la célébrité de l'auteur, quand même il n'aurait pas d'aures titres à la mémoire de la postérité.

COMMENTAIRE DE CORNEILLE

Son *Commentaire de Corneille* est non-seulement un excellent ouvrage de littérature ; mais il a encore été une occasion de générosité envers une petite-fille du père du théâtre français. On ne sait ce qu'on doit le plus louer, dans cette circonstance, ou l'écrit ou l'action du bienfaiteur. Cette jeune fille, élevée en province, dans la pauvreté, était venue à Paris avec ses parents. Les comédiens donnèrent une représentation de *Rodogune* à son profit. Cette ressource fut vite épuisée. On s'adressa alors à Voltaire, dont on connaissait la générosité ; il répondit qu'un vieux soldat de Corneille ne pouvait pas laisser dans la misère la petite-fille de son général. Il lui fit don du produit de son *Commentaire* ; il fit plus, il ouvrit une souscription dans laquelle presque tous les souverains, les princes, les ministres, les grands de l'Europe prirent part. Ainsi cet ouvrage valut à Voltaire un double honneur, l'honneur d'avoir été le protecteur d'une petite-fille du grand Corneille et l'honneur d'avoir écrit un excellent livre de critique littéraire.

Le style de ce commentaire a toute la précision, la force, l'élégance qui conviennent à ce genre de littérature; les observations sont justes et attestent la pureté et la délicatesse du goût de l'auteur. Il ne laisse passer aucune des fautes dans lesquelles Corneille est tombé: il les relève, il les reprend avec impartialité; mais aussi avec quel enthousiasme, quel sentiment de l'art il fait valoir ses beautés! Personne, si l'on n'excepte Jean Racine, dans son discours de réception à l'Académie française, n'a loué plus dignement le grand Corneille.

ESSAI SUR L'ESPRIT ET LES MŒURS DES NATIONS

Le siècle de Louis XIV qui a produit tant d'hommes distingués dans la science, les arts et la littérature, n'a, si l'on excepte les *Discours sur l'histoire universelle* de Bossuet, légué à la postérité les travaux d'aucun historien du premier rang : l'histoire, telle que nous l'entendons aujourd'hui, était restée en arrière du progrès de cette époque. Les meilleurs historiens de ce temps ne nous ont entretenus que de récits de siéges, de batailles, des guerres qui ont ensanglanté la terre, et des noms des souverains qui se sont succédé sur le trône. L'enchaîne- ment des causes et des effets, qui forme une des parties essentielles de l'histoire était à peu près complétement négligé. Les faits, admis sans examen ou du moins avec un examen superficiel, ont dû souvent être rectifiés, à mesure que les sciences historiques ont fait des progrès. Pour tout dire en un mot, le XVIIᵉ siècle, en France, ne nous a guère laissé que les matériaux de l'histoire, c'est-à-dire des mémoires qu'il faut consulter avec beaucoup de circonspection et de prudence si on ne veut pas se laisser égarer, si on tient à découvrir la vérité parmi une foule de récits plus ou moins empreints des idées, des intérêts, des passions qui dominaient chez les auteurs. Tel était l'état des sciences historiques en France lorsque Voltaire publia son *Essai sur l'esprit et les mœurs des nations.*

Cet ouvrage est une espèce d'histoire universelle, où l'historien philosophe défend énergiquement les droits de l'opprimé contre l'oppresseur, où il fait à chaque page la guerre à la tyrannie et au fanatisme, où il montre, depuis Théodose, tous les abus, tous les désordres, tous les maux qu'a engendrés cette lutte perpétuelle de la juridiction ecclésiastique contre la juridiction civile; lutte terrible qui a enfanté des tortures, élevé des bûchers, traîné dans des cachots des malheureuses victimes qui n'avaient d'autre tort que de ne pas fléchir les genoux devant leurs persécuteurs ou de ne pas penser comme eux.

Voltaire n'a pas manqué de contradicteurs. Les uns l'ont accusé de ne pas savoir l'histoire, d'autres d'être un ignorant qui n'avait pas d'érudition. On a même été jusqu'à lui reprocher de ne pas aimer les juifs. Mais qu'est-ce que tout cela prouve, sinon l'impuissance de réfuter ses arguments? Malgré tout ce qu'ont pu dire et faire ses ennemis, et il n'en manquait pas alors, pas moins qu'aujourd'hui, ses contemporains rendirent justice à ce bel ouvrage, en faisant frapper en l'honneur de l'auteur une médaille sur laquelle on voyait d'un côté son portrait, et de l'autre cette légende : *Il arrache aux nations le bandeau de l'erreur.*

HISTOIRE DE CHARLES XII

L'*Histoire de Charles XII*, roi de Suède, est une narration qui a tout l'intérêt du roman, et même beaucoup des contemporains de Voltaire, entre autres Mme de Genlis, ont prétendu que c'en était un. Le caractère aventureux du jeune monarque, son énergie, sa fortune, son élévation, sa ruine et sa chute sont autant de faits extraordinaires qui pourraient paraître romanesques, s'ils n'étaient confirmés par une foule de témoignages contemporains.

Cette lutte de neuf années, entre deux monarques de caractères si différents, est remplie de péripéties intéressantes. Nous voyons d'un côté un jeune conquérant qui aspire au titre d'invincible, de l'autre un monarque qui n'a en vue que la civilisation de son peuple. Charles XII est un grand capitaine, un redoutable adversaire, un lion sur le champ de bataille ; mais Pierre le Grand ne se décourage pas, et tandis que son ennemi combat pour la gloire, il ne désire, il n'attend la victoire que dans l'intérêt de son pays. Après chaque défaite, il encourage ses soldats, il les exhorte à la persévérance, il leur fait entrevoir que les Suédois ne seront pas toujours invincibles ; ils nous battront tant, leur disait-il, qu'ils finiront, à leur tour, par nous apprendre à les battre eux-mêmes. C'est ce qui arriva dans la célèbre bataille de Pultava, où la fortune de Charles XII s'éclipsa entièrement.

L'histoire de ce monarque est aussi instructive qu'intéressante. Ses grandes qualités, dit Voltaire, dont une seule eût pu immortaliser un autre prince, ont fait le malheur de son pays. Il n'attaqua jamais personne ; mais il ne fut pas aussi prudent qu'implacable dans ses vengeances. Il a été le premier qui ait eu l'ambition d'être conquérant sans avoir l'envie d'agrandir ses États ; il voulait gagner des empires pour les donner. Sa passion pour la gloire, pour la guerre et pour la vengeance l'empêcha d'être un bon politique, qualité sans laquelle on n'a jamais vu de conquérant. Avant la bataille et après la victoire, il n'avait que de la modestie ; après la défaite, que de la fermeté ; dur pour les autres comme pour lui-même, comptant pour rien la peine et la vie de ses sujets, aussi bien que la sienne ; homme unique plutôt que grand homme ; admirable plutôt qu'à imiter. Sa vie doit apprendre aux rois combien un gouvernement pacifique et heureux est au-dessus de tant de gloire.

HISTOIRE DE PIERRE LE GRAND

L'*Histoire de Pierre le Grand* est également digne de la plume de Voltaire. L'historien français n'entre pas dans tous les détails des entreprises de ce prince ; mais il en dit assez pour faire apprécier son génie et justifier le titre de grand qu'il a conservé dans la postérité.

Pierre le Grand est l'un des personnages les plus étonnants de l'histoire moderne, non pour avoir remporté des victoires, non pour avoir vaincu Charles XII, mais plutôt par une politique qui attestait la perspicacité de son esprit, la fermeté de ses résolutions, la grandeur de ses vues ; mais plutôt pour tout ce qu'il a entrepris pour civiliser sa nation, dont une grande partie était encore à l'état sauvage. Il a parcouru l'Europe pour étudier la police et les lois des différents États ; il s'est déguisé en artisan pour apprendre les arts les plus indispensables au développement du commerce, de l'industrie, des manufactures et de la navigation ; il a travaillé de ses propres mains, afin d'être lui-même en état de former parmi ses sujets d'excellents artisans. C'est un fait qui n'avait point d'exemple chez les princes avant Pierre le Grand, et qui n'a pas eu d'imitateur après lui.

LE SIÈCLE DE LOUIS XIV

Le *Siècle de Louis XIV* est un tableau animé du règne de ce monarque ; rien n'est oublié de tout ce qui a contribué à la grandeur remarquable de cette époque. Malgré ses revers, aussi surprenants que sa fortune, malgré ses fautes, dont quelques-unes n'ont pas été sans avoir des conséquences fâcheuses pour son pays, comme la révocation de l'édit de Nantes, Louis XIV a conservé le titre de grand. Son siècle est l'une des périodes les plus remarquables de l'histoire universelle, par le développement des arts, des sciences, des lettres, de l'industrie et du commerce. C'est alors que la langue française a pris ce cachet de beauté, de perfection, de grâce, de politesse, qui en fit la langue de l'Europe. La capitale de la France devint en quelque sorte le rendez-vous des hommes les plus célèbres de l'époque. Le monarque, qui recherchait avec empressement tout ce qui pouvait contribuer à la splendeur de son règne, se plaisait à les accueillir, à les encourager, à les récompenser. Ce qui donnait le plus de prix à ses bienfaits, c'est le discernement avec lequel il savait les distribuer.

Un tel sujet ne pouvait manquer d'intéresser vivement le lecteur. Voltaire l'a traité avec cette facilité d'expression, cette force de style et de raisonnement qui font de cet ouvrage l'une des meilleures productions de la langue française dans le genre historique. On rencontre dans ce livre beaucoup d'observations et de réflexions judicieuses que les hommes qui gouvernent les États feraient bien de mettre à profit, comme celle-ci, par exemple :

« Ceux qui attribuaient l'affaiblissement des sources de l'abondance aux profusions de Louis XIV dans ses bâtiments, dans les arts et dans les plaisirs, ne savaient pas qu'au contraire les dépenses qui encouragent l'industrie, enrichissent l'État.

« C'est la guerre qui appauvrit nécessairement le trésor public, à moins que les dépouilles des vaincus ne le remplissent. Depuis les anciens Romains, je ne connais aucune nation qui se soit enrichie par des victoires. L'Italie au xvie siècle n'était riche que par le commerce. La Hollande n'eût pas subsisté longtemps, si elle se fût bornée à enlever la flotte d'argent des Espagnols, et si les Grandes Indes n'avaient pas été l'aliment de sa puissance. L'Angleterre s'est toujours appauvrie par la guerre, même en détruisant les flottes françaises, et le commerce seul l'a enrichie. Les Algériens, qui n'ont ce qu'ils gagnent que par les pirateries, sont un peuple très-misérable. Parmi les nations de l'Europe, la guerre au bout de quelques années, rend le vainqueur presque aussi malheureux que le vaincu. C'est un gouffre où tous les canaux de l'abondance s'engloutissent. L'argent comptant, ce principe

de tous les biens et de tous les maux, levé avec tant de
peine dans les provinces, se rend dans les coffres de cent
entrepreneurs, dans ceux de cent partisans qui avancent
les fonds et qui achètent par ces avances le droit de dé-
pouiller la nation au nom du souverain. »

Ces observations, en tenant compte de la différence
des temps, des lieux, des mœurs, des changements sur-
venus dans le caractère des nations, et les habitudes des
gens de finance, ne sont-elles pas aussi vraies aujourd'hui
qu'au temps où Voltaire écrivait ces lignes ?

DICTIONNAIRE PHILOSOPHIQUE

Le *Dictionnaire philosophique* est, de tous les ouvrages
de l'auteur, celui où il se rapproche le plus de la forme
du raisonnement. Il embrasse une foule de matières
sur presque toutes les branches des connaissances humaines. On y rencontre des articles sur la physique,
pleins d'aperçus lumineux ; des observations sur les
mœurs, la police et la politique ; des articles de littérature, de morale et de religion. Il attaque le fanatisme et
l'intolérance avec l'arme redoutable de l'ironie, qu'il
sait manier avec beaucoup d'adresse.

Sans doute tous les articles de ce livre ne sont pas à
l'abri de la critique. Les uns peuvent manquer de profondeur, les autres d'autres qualités ; mais, au demeurant,
la fureur dogmatique, qui a été la cause de tant de persécutions chez les nations chrétiennes, est un danger si
permanent, un fléau si effrayant, qu'on ne peut savoir
trop de gré à Voltaire d'avoir consacré sa vie à la combattre. N'est-ce pas une folie, parmi les hommes, de

s'entre-déchirer pour des dogmes que souvent la plupart ne comprennent pas? N'est-ce pas une erreur à ceux-là de servir d'instruments aveugles à l'ambition, aux désirs insatiables, à la soif des grandeurs de ceux qui couvrent leurs desseins de domination sous un manteau sacré? La liberté de conscience n'est-elle pas un droit inaliénable? La paix, la concorde, l'union entre les citoyens d'un même État n'exigent-elles pas impérieusement que cette liberté soit religieusement respectée? Ceux-là qui la violent ne sont-ils pas coupables de tyrannie, et qui pis est, de cette tyrannie qui a engendré des guerres civiles et produit des maux incalculables?

La tolérance religieuse est entrée dans les mœurs des nations civilisées, malgré les anathèmes de l'ultramontanisme, malgré l'opposition de l'esprit dogmatique, malgré la puissance des moines et des prêtres, malgré l'autorité des rois qui se sont faits leurs complices; mais que d'efforts, que de courage même ne faut-il pas encore aujourd'hui pour conserver cette glorieuse conquête!

CANDIDE

Les romans de Voltaire n'ont pas ou, du moins, n'ont que fort peu de ressemblance avec ceux des auteurs qui l'ont précédé. *Candide* est un ouvrage aussi varié, aussi amusant qu'instructif. Il obtint à son apparition une vogue immense, un succès que le nom de l'auteur aurait pu justifier, même dans la supposition où il n'eût été que passager. Dans ce genre de littérature, il n'est pas rare de voir des écrivains jouir d'une grande renommée à laquelle ils survivent souvent eux-mêmes. C'est ce qui

arrive à tous les romans qui n'offrent qu'un intérêt de
curiosité qu'il est toujours facile de satisfaire au moyen
d'événements extraordinaires et invraisemblables, d'intrigues multipliées, de charges grossières, d'aventures qui
n'ont rien de naturel, de personnages qui ne ressem-
blent à rien. Ces romans ne résistent jamais à une se-
conde lecture quand tout cela n'est pas, comme dans
Don Quichotte ou *les Voyages de Gulliver,* un voile qui
couvre des critiques fines et spirituelles.

Dans ses romans, Voltaire a cherché à réunir l'utile à
l'agréable, parce que chez ce grand écrivain, le philosophe est inséparable du conteur, parce qu'il tenait surtout
à faire servir les agréments de l'un au succès de la mission réformatrice de l'autre.

CORRESPONDANCE

La correspondance de Voltaire tient une place consi-
dérable dans ses œuvres. Ses lettres, surtout en faisant
un choix parmi les meilleures, sont un modèle de grâce
et d'urbanité. On les a comparées à celles de Mme de
Sévigné. Il se peut que cette comparaison soit assez
exacte au point de vue purement littéraire; quant au fond,
il n'y a guère de ressemblance. Mme de Sévigné se
trompait souvent dans ses jugements sur les écrivains et
les choses de son temps; Voltaire juge avec plus de goût,
raisonne avec une connaissance plus profonde de l'art.
Sous le rapport du style, tout est agréable, coulant, naturel, charmant, chez Mme de Sévigné; sous celui des
pensées, on trouve plus d'études, de variété, d'étendue
dans Voltaire. L'une est une femme qui raconte ses im-

pressions, ce qu'elle a vu à la cour de Louis XIV, qui fait pleurer au récit de la mort de Turenne, qui revient presque à chaque page sur l'amour maternel qu'elle éprouve pour sa fille ; l'autre est un littérateur doué d'une grande vivacité d'esprit, d'une facilité admirable d'expression, d'un jugement exercé par l'étude et la pratique des différents genres de l'art littéraire. Ainsi la comparaison entre les lettres de Mme de Sévigné et celles de Voltaire ne peut-elle pour ainsi dire porter que sur les qualités du style. A ce point de vue, il n'est pas facile de choisir de meilleurs modèles.

VI

Voltaire entrait à peine dans sa vingtième année à la mort de Louis XIV. Ce fut à cette époque qu'il fut enfermé arbitrairement à la Bastille pour des vers qui n'étaient pas de lui. Pendant sa captivité, il composa une partie de la *Henriade*, où il annonçait, comme nous l'avons déjà dit, sa mission de réforme universelle. Le règne de Louis XIV, qui avait été une époque de grandeur pour la France, n'était pas resté exempt de déchirements intérieurs et de luttes intestines.

Ce monarque, jaloux de son pouvoir, avait résisté aux prétentions de la cour de Rome, ce qui ne l'empêchait pas de subir l'influence du clergé français. Il considérait la liberté de conscience comme une erreur funeste dont il devait purger son royaume. Son confesseur, qui était jésuite, l'entretenait dans ces sentiments. Les Bossuet, les Fénelon, ces génies si remarquables, partageaient ces funestes préjugés, qui étaient ceux du clergé romain et des catholiques qui n'avaient pas assez d'instruction pour démêler tout ce qu'il y a de faux, d'injuste, de barbare, de contraire à la loi naturelle et même à la loi divine, dans une telle doctrine. La révocation de l'édit de Nantes, les persécutions qui en furent la suite, les dragonnades, les confiscations, l'exil de tade malheureux forcés d'abandonner leur patrie, sont autant de faits qui ont imprimé une flétrissure ineffaçable à l'intolérance religieuse.

D'un autre coté, les lettres de cachet, qui ont été la source de tant de détentions arbitraires, les formes de la procédure criminelle qui livraient les accusés au faux zèle du fanatisme, à des épreuves qui n'ont rien de juridique, telles que l'eau bouillante ou un fer rouge, à des tourments qui leur arrachaient souvent l'aveu d'un crime qu'ils n'avaient pas commis, étaient autant d'épées de Damoclès suspendues sur la tête des hommes qui osaient repousser le joug de l'oppression.

L'hérésie était considérée comme un crime de lèse-majesté ; on le punissait du supplice du feu en Espagne et dans d'autres pays catholiques. On n'allumait pas des bûchers en France, mais la persécution prenait d'autres formes, moins effrayantes, si l'on veut, et cependant hors de proportion avec ce prétendu crime, qui n'aurait jamais existé dans l'ordre civil, sans l'ambition et la soif de domination de clergé.

La corporation de l'Index, à laquelle le concile de Trente avait donné plus de consistance, jouissait d'un grand crédit en France : les livres des écrivains français qu'elle condamnait étaient brûlés par la main du bourreau. Les auteurs devaient s'estimer heureux lorsque la persécution n'allait pas plus loin. Cette manie de brûler les livres a été plus nuisible qu'utile à l'Église. Par un malheur providentiel, la corporation de l'Index a commis tant d'abus, est tombée si souvent dans l'erreur, qu'on ne se soucie plus guère aujourd'hui de ses arrêts. Il y a plus, on va même jusqu'à regarder ses proscriptions comme un titre à la faveur publique.

C'est ainsi qu'une œuvre entreprise dans le but de bâillonner la pensée devait échouer par le ridicule ; mais elle était loin d'en être arrivée là au temps de Voltaire. Montesquieu a dû faire imprimer l'*Esprit des lois* à Genève ; Buffon a été sur le point d'être censuré pour ses théories sur la formation de la terre. Plus heureux que Galilée, il échappa à la censure, en déclarant qu'il n'avait pas entendu contredire la Genèse.

Telle était à peu près la situation de la société française au moment où Voltaire fit son entrée dans le monde et annonça son apostolat de réforme.

VII

Les dispositions et l'esprit de l'époque favorisaient, il est vrai, la mission réformatrice de Voltaire. On commençait à se fatiguer des disputes théologiques, le scepticisme, qui a été le caractère dominant de la fin du XVIIIe siècle, pénétrait peu à peu dans les mœurs de la nation. Cela n'empêchait pas cependant que la hardiesse des pensées de notre philosophe ne fût un danger pour sa personne.

Quand le Parlement de Paris condamna l'infortuné la Barre à avoir le poing, la langue, la tête coupée et son corps, ainsi mutilé, jeté dans les flammes d'un bûcher ardent, on trouva parmi ses effets un exemplaire du *Dictionnaire philosophique;* cela a suffit pour faire condamner le livre au feu. Il s'en est fallu de bien peu que le même sort ne fût réservé à l'auteur. Dans une autre affaire, où il ne s'agissait cette fois que d'un roman, un juge qui portait le zèle jusqu'au fanatisme, s'est écrié : Ne brûlerons-nous que des livres? Le clergé sollicita et obtint un jugement qui ordonnait la suppression des *Lettres philosophiques,* autre ouvrage de l'auteur ; l'arrêt porte même qu'il sera recherché, tant l'animosité des magistrats se ressentait encore du peu de respect que le despotisme a toujours eu pour les droits les plus sacrés et les plus inaliénables de l'homme : la liberté.

Il n'y a pas d'écrivain dont les écrits ont eu une plus grande influence que ceux de Voltaire ; cependant on ne peut pas dire d'une manière absolue qu'il a formé l'esprit de son siècle. Son grand mérite est d'en avoir saisi toutes les nuances, de les avoir développées tantôt par l'ironie, tantôt par une verve intarissable d'élocution, tantôt par l'élégance, le charme et l'harmonie de beaux vers. La jeunesse surtout était avide de ses ouvrages, qui se répandaient partout ; et partout la grande masse de la nation adoptait ses doctrines, parce que ses pensées n'étaient que le reflet de celles de son siècle, l'image des tendances qui entraînaient ses contemporains vers le progrès et le perfectionnement de l'état social.

Il a eu pour émule Jean-Jacques Rousseau. Le philosophe de Genève n'eut pas un génie aussi éclatant, des talents aussi variés que ceux de Voltaire ; mais il avait une dialectique puissante qui entraînait plus par la force des choses que par l'éloquence du discours. Tous deux ont eu un grand ascendant sur l'esprit de leurs contemporains : Voltaire en relevant la dignité humaine, abaissée par le despotisme, Jean-Jacques Rousseau en démontrant que l'égalité parmi les hommes est un droit naturel ; le premier, en prouvant que l'oppression de la conscience est une tyrannie, le second en établissant que la volonté du plus grand nombre doit faire la loi de l'Etat ; le philosophe de Ferney, en exposant les dangers du fanatisme, la barbarie des préjugés qui faisaient couler le sang humain, les abus monstrueux des coutumes qui permettaient de traîner d'innocentes victimes dans des cachots affreux ; le philosophe de Genève, en s'élevant avec force contre la routine d'une éducation faite plutôt pour abrutir les hommes que pour les instruire. Tous deux marchaient vers le même but par des voies différentes ; tous deux travaillaient au progrès de l'humanité en conservant l'un et l'autre leur indépendance ; il y a plus même, ils se sont combattus sur le terrain des principes et des conséquences qui en résultent. Leurs controverses n'ont pas toujours été exemptes d'animosité ; pour tout dire, en un mot, la mésintelligence sépara ces deux hommes nés pour s'entendre et animés du désir d'adoucir les mœurs et de perfectionner l'ordre social.

Les ennemis de ces deux grands hommes, et ils sont encore nombreux aujourd'hui, se sont emparés de leurs dissentiments pour les opposer l'un à l'autre ; mais la raison a triomphé de ces subtilités : les abus qu'ils ont combattus sont tombés, la dignité de l'homme s'est relevée, les mœurs se sont adoucies, les coutumes barbares ont disparu peu à peu, les lois pénales se sont améliorées. Que sont devenus ces temps où les talents étaient comptés pour rien, où les priviléges de la naissance conduisaient aux faveurs publiques, aux principaux emplois et aux plus grandes dignités de l'État ? Que sont devenus ces temps où le manant n'était qu'une espèce de serf attaché à la glèbe, où les nobles semblaient d'une nature supérieure à celle des autres hommes, où la noblesse comptait même parmi ses priviléges le droit de prélever sur l'hymen un tribut immoral ? Que sont devenus ces temps où les prêtres et tout ce qui tient de près ou de loin au clergé n'étaient justiciables que des tribunaux ecclésiastiques, privilége exorbitant qui mettait les clercs au-dessus du droit commun, et que l'ultramontanisme voudrait faire revivre comme un principe immuable de l'Eglise ? Que sont devenus ces temps où l'interdit, l'excommunication étaient des armes si terribles dans les mains du clergé, et surtout dans celles de leur chef, qui prétendait exercer sur la juridiction civile une suprématie universelle? Tout cela qu'est-il aujourd'hui? Un édifice vermoulu qui s'écroule par sa base, et à moins de faire rétrograder l'humanité, de la ramener aux temps d'ignorance, tous les efforts tentés pour le relever n'aboutiront qu'à une ruine plus complète. Les prétentions de la papauté vont trop loin lorsqu'elle prétend que toute humaine créature lui soit soumise, non-seulement dans ses actes extérieurs, mais encore dans ses sentiments, ses pensées, ses jugements, en un mot, lorsqu'elle veut être maîtresse de l'âme et du corps.

La soumission passive de l'homme à l'homme est-elle dans les conditions de la nature humaine? L'histoire se charge de répondre à cette question. Les premiers chrétiens n'ont-ils pas résisté, en matière de foi, à la puissance des empereurs romains? Ne se sont-ils pas laissé égorger plutôt que d'abjurer leurs croyances? A-t-on converti les huguenots avec les dragonnades? L'inquisition, en allumant ses bûchers, a-t-elle empêché le prétendu crime de l'hérésie? Une rétractation obtenue par force est-elle autre chose qu'un mensonge, et celui qui l'obtient un tyran? Les guerres de religion n'ont-elles pas été la honte de l'humanité? Combien de préjugés funestes étaient encore entretenus par le despotisme civil et religieux quand Voltaire monta sur la brèche pour les combattre!

Cette mission était grande et profondément humanitaire; mais parce que le philosophe devait attaquer des opinions reçues, froisser des susceptibilités mal fondées, s'élever contre toute persécution soit civile, soit religieuse, il devait s'attendre à des résistances opiniâtres, qu'il rencontra sur son chemin. Que de courage, que de fermeté, que de résolution, que de persévérance ne lui a-t-il pas fallu pour ne pas s'arrêter ? Combien d'hommes auraient reculé devant la perspective de la prison, de l'exil et même de l'échafaud ! Voltaire était d'une nature fortement trempée : rien ne l'a rebuté, ni les haines de ses ennemis, ni les clameurs du clergé, ni les persécutions, ni les calomnies, ni les intrigues ourdies contre sa personne et ses écrits, ni les dangers auxquels il fut exposé ne l'ont jamais empêché de revendiquer les droits de la raison contre le fanatisme, les erreurs et les préjugés des siècles.

Cependant il est peu d'hommes qui aient été attaqués avec autant de violence. Faisait-t-il le bien, c'était par ostentation, Prenait-il la défense de l'innocence, c'était un habile charlatan qui savait exploiter adroitement la crédulité publique. Attaquait-il les abus d'un clergé tout-puissant, c'était un impie qui se jouait des plus saints mystères de la religion. Démontrait-il la nécessité de la tolérance religieuse, c'était un athée qui n'avait ni foi ni loi. Flétrissait-il les abus du fanatisme, les persécutions contre l'hérésie, c'était un incrédule qui foulait aux pieds les pouvoirs que l'Église tenait directement de son fondateur.

Voilà un siècle que Voltaire n'est plus. Le monde depuis a changé plusieurs fois de face ; des vieilles monarchies se sont écroulées, des institutions séculaires sont tombées, de grands événements se sont accomplis, de nouveaux principes ont régi le droit politique et le droit des gens ; les arts, les sciences, la philosophie ont fait des progrès immenses ; la raison a pris la place de l'autorité, une foule d'erreurs et de préjugés ont disparu ; et cependant la haine des gens d'église contre le philosophe de Ferney est encore aussi vivace que jamais. D'où vient un fait aussi extraordinaire dans les annales littéraires ? faut-il l'attribuer à la licence de ses écrits ? Mais s'il n'eût fait que le poëme de la *Pucelle d'Orléans*, croit-on que cette animosité lui eût survécu aussi longtemps ? Il y a donc une raison plus puissante que celle-là, et qui subsistera tant que le despotisme religieux n'abandonnera point ses prétentions. Elle subsistera aussi longtemps que la lutte entre la civilisation moderne et l'ultramontanisme, entre le progrès et le bâillonnement de la pensée. Tous les hommes, les prêtres surtout, sont jaloux de leur autorité, même quand elle sort de ses limites. Le Vatican a essayé de s'arroger une puissance sans limite sur les souverainetés temporelles. Il a employé mille moyens pour assurer sa domination, il n'a pas craint même d'avoir recours à des actes de tyrannie qui ont déshonoré le gouvernement de l'Église.

Ces actes, Voltaire les a flétris, et malgré l'opposition de la puissance ecclésiastique, l'opinion publique les a réprouvés et condamnés. Les armes spirituelles se sont émoussées ; elles n'ont plus porté que des coups sans effet. Voilà, aux yeux du clergé, le crime de notre philosophe, voilà ce qui lui a attiré la haine des gens d'église, bien plus que son scepticisme, bien plus que la licence de quelques-uns de ses ouvrages. Aujourd'hui que l'ultramontanisme s'efforce de relever sa puissance déchue, les écrits philosophiques de Voltaire sont encore l'un des plus grands obstacles qu'il essaye de surmonter. Les idées qu'il a propagées pendant sa longue carrière ont porté leurs fruits, et même elles ont dépassé ses espérances. Au lieu de la tolérance religieuse, nous avons la liberté de conscience, au lieu du pouvoir arbitraire d'un seul ou du despotisme, nous avons l'autorité de la loi, à laquelle tous les citoyens doivent obéir ; nous avons des garanties plus sérieuses pour la sécurité des personnes et des choses une procédure criminelle moins barbare, qui n'ôte à l'accusé aucun moyen de défense, l'abolition d'une foule de priviléges qui étaient l'apanage du clergé et de la noblesse.

L'existence de Voltaire a été une vie d'épreuves et de bienfaits. D'épreuves pendant ses premières années, où presque à chaque moment il était menacé de la prison, de l'exil, de la mort même; de bienfaits pendant les années de sa puissance, où les malheureux trouvaient en lui un père et les opprimés un défenseur infatigable. Quel est l'homme qui a fait plus de bien à l'humanité et qui doit jouir d'une gloire plus durable? Voltaire n'a-t-il pas plus fait pour la civilisation et le bonheur de l'humanité que tant d'hommes qui ont versé le sang de leurs semblables dans des luttes souvent stériles? Voilà cet homme que le clergé poursuit encore de ses anathèmes.

Nous n'accordons pas à Voltaire une infaillibilité qui n'est le partage d'aucun être vivant, pas même de celui que le dernier concile, soi-disant œcuménique, a proclamé infaillible. Cependant qui peut lui contester ses grands talents pour la poésie, la délicatesse de ses jugements comme critique, la justesse de ses vues comme historien, l'influence qu'il a exercée sur les mœurs par sa philosophie, si ce n'est ceux qui ne tiennent aucun compte de la vérité. Il y a eu et il y aura toujours des écrivains pour maudire cette influence, la représenter comme un danger social, comme une doctrine funeste pour la sécurité des États; mais les progrès de la civilisation moderne ne sont-ils pas une réponse irréfutable à ces arguments, qui ne sont pas meilleurs pour avoir été mille fois répétés. Le règne de la liberté n'est-il pas préférable à celui du despotisme ? La fureur dogmatique a couvert la terre de sang et de ruines, la liberté de conscience rétablit l'union entre les citoyens d'opinions différentes. Laquelle des deux vaut le mieux? Le bâillonnement de la pensée a engendré des persécutions barbares, la liberté de la presse a contribué aux progrès de l'humanité. Lequel des deux vaut le mieux? L'ancien régime accordait de grands priviléges à la naissance, le nouveau proclame l'égalité des citoyens devant la loi. Lequel des deux vaut le mieux? Les lettres de cachet permettaient d'emprisonner arbitrairement un citoyen inoffensif, les lois ne permettent plus de l'arrêter que dans les cas qu'elles ont prévus. Lequel des deux régimes vaut le mieux ? Que serait-ce si l'on poussait la comparaison jusque dans ses dernières limites? Que d'usages barbares abolis ! que de préjugés détruits ! que de sources de désordres taries ! que de causes de persécutions effacées ! Qui peut nier que tant de réformes, accomplies souvent au prix des plus grands sacrifices, ne soient des bienfaits pour l'humanité ?

Dès lors n'est-il pas évident que l'espèce d'opprobre que les partisans du pouvoir absolu et le clergé se sont efforcés d'attacher au nom de Voltaire est aussi injuste qu'immérité, eût-il même commis des fautes, fût-il même tombé dans l'erreur ? La grandeur d'une telle œuvre n'en fait-elle pas disparaître les ombres ? N'est-il pas évident que la haine de ses ennemis est impuissante pour ternir sa mémoire et effacer le souvenir de sa générosité ? N'est-il pas évident que c'est l'un des hommes les plus extraordinaires que l'humanité ait produits, tant par la réunion de différents genres de talents que par le caractère de réforme universelle à laquelle il a consacré sa vie? La France, sa patrie, et Paris, sa ville natale, en honorant sa mémoire, ont accompli un acte de reconnaissance qui a reçu l'approbation de toutes les nations civilisées.

F N

1044 — Imprimerie Laloux fils et Guillot, 7, rue des Canettes